COMO FAZER SEU NEGÓCIO DAR LUCRO!

Finanças para pequenas empresas, passo a passo!

Valter Célio Fonseca

ISBN: 978-10-89384-80-9

Capa: Amanda Branco

Revisão: Débora Branco

Foto da capa:

Shutterstock

IMAGENS NO CONTEÚDO

Por que escrevi este livro - Rebecca Matthews por Pixabay

Capítulo 1 - Peggy und Marco Lachmann-Anke por Pixabay

Capítulo 2 - Mohamed Hassan por Pixabay

Capítulo 3 - kalhh por Pixabay

Capítulo 4 - Peggy und Marco Lachmann-Anke por Pixabay

Capítulo 5 - Robert Owen-Wahl por Pixabay

Capítulo 6 - Gerd Altmann por Pixabay

Capítulo 7 - Dimitris Christou por Pixabay

Capítulo 8 - A1 B2 por Pixabay

Capítulo 9 - Gerd Altmann por Pixabay

Capítulo 10 - PublicDomainPictures por Pixabay

Apêndice A - Deedster por Pixabay

Apêndice B - Mediamodifier por Pixabay

Apêndice C - Mohamed Hassan por Pixabay

Do mesmo autor – Tumisu por Pixabay

SOBRE O AUTOR

Meu nome é Valter Celio Fonseca. Sou contador e economista com pós-graduação em controladoria (FGV) e também graduado pelo Financial Management Program da General Electric. Comecei a trabalhar em 1968 como office-boy e me desenvolvi profissionalmente até ser diretor financeiro em algumas empresas; passei por todas as atividades da área financeira, como contabilidade, custos, orçamentos, tesouraria, planejamento financeiro, controladoria, etc. Trabalhei em empresas de todos os portes, nacionais e estrangeiras, de vários ramos de atividade (indústria, comércio e prestação de serviços), sendo o Grupo Sharp (14 anos) e a General Electric (10 anos) as principais. Atualmente trabalho como especialista em finanças para pequenas empresas, bem como sou palestrante e instrutor de temas financeiros, incluindo finanças pessoais.

Para

José Antônio Polizeli,

in memorian,

amigo, chefe e maior referência em finanças,

com gratidão!

ÍNDICE

Por que escrevi este livro......................................	12
1 – Introdução..	18
2 - Primeiro passo: Informação.............................	26
3 - Segundo passo: Preço	34
4 - Terceiro passo: Volume...................................	46
5 - Quarto passo: Regime Tributário.....................	56
6 - Quinto passo: Custo dos Produtos ou Serviços	70
7 - Sexto passo: A Estrutura Operacional............	92
8 - Sétimo passo: Fontes de Financiamento........	108
9 - Sugestões de Redução de Custos	128
10 – Encerramento..	142
Apêndice A – Fluxo de Caixa................................	148
Apêndice B – Demonstração de Resultados do Exercício...	166
Apêndice C – Balanço..	192
Contatos com o autor...	208
Do mesmo autor...	210

POR QUE ESCREVI ESTE LIVRO

Somente aquele que encara despreocupadamente as coisas com que os homens se preocupam, pode se preocupar com as coisas que os homens encaram despreocupadamente.

Chang Ch'Ao

Comecei a trabalhar em empresas em fevereiro de 1968, em um lanifício que não existe mais. Ao longo de mais de 50 anos de carreira profissional focada na área financeira trabalhei em empresas pequenas, médias e grandes, nacionais e multinacionais; empresas industriais, comerciais e de serviços. Comecei como office-boy e cheguei a Diretor Financeiro passando por todos os setores típicos da área financeira, como contabilidade, custos, orçamentos, planejamento financeiro, administração financeira de contratos, contas a pagar, contas a receber, tesouraria, etc. Me graduei em Ciências Econômicas e em Ciências Contábeis; também tenho uma pós-graduação em Controladoria pela Fundação Getúlio Vargas. Mas minha formação mais importante veio do *Financial Management Program* da General Electric, um curso interno da empresa com duração de 5 semestres, onde estudei e fui mais exigido do que em qualquer outro curso que já havia feito, ou viria a fazer. Estou trazendo para este livro tudo que aprendi ao longo deste período nas empresas em que trabalhei, bem como o que aprendi com os fantásticos profissionais que conheci, incluindo superiores, colegas e subordinados.

Como executivo financeiro de empresas participei de inúmeras reuniões para discussão dos resultados da empresa. Quanto maior é a empresa mais sofisticados e mais detalhados são os relatórios para análise e interpretação de sua situação econômico-financeira, bem como a quantidade de profissionais e áreas que participam dessas reuniões. Uma das consequências dessas reuniões eram as listas de providências a serem tomadas para correção e ajuste dos problemas ou desempenhos abaixo das metas eventualmente detectados. O que vale para médias e grandes empresas, também vale para micros e pequenas, com os ajustes necessários.

Nas médias e grandes empresas há especialistas em várias áreas para resolver as questões que normalmente aparecem no dia a dia das operações. Já o pequeno empresário é um herói solitário. Em uma pequena empresa a quantidade de assuntos a serem resolvidos é proporcionalmente menor, mas são problemas diversificados que se referem à várias áreas. Nesse cenário o empresário precisa lidar e superar a falta de conhecimento ou habilidade nessas áreas, o excesso de informações com que é bombardeado pela mídia especializada, bem como a falta de tempo para planejar o negócio e definir prioridades. O uso de consultoria externa para socorrer as grandes dúvidas dos pequenos empresários poderia ser a solução mais rápida e fácil. Mas embora os serviços de consultoria financeira para este segmento não sejam caros, nem sempre é acessível; e as necessidades são muitas.

Recentemente visitei um cliente, que me contou a história de sua empresa, que havia sido fundada pelo pai, mas que ele administrava há já alguns anos. Mostrou-me as instalações, falamos de produtos, clientes, mercado, volume de faturamento, endividamento financeiro e endividamento fiscal. De acordo com o que me disse, ele simplesmente não entendia como tinha um endividamento tão alto. De qualquer forma ele queria um diagnóstico da situação da empresa e de recomendações para reverter essa situação. Baseado nos dados que ele havia me fornecido eu já tinha uma razoável certeza de que a empresa estava com prejuízo, e o porquê. Desta reunião me veio a ideia de produzir este livro.

Assim **o objetivo deste trabalho é** oferecer ao pequeno empresário algumas **ferramentas** para que **ele mesmo** possa **administrar financeiramente o seu negócio**, entender se está tendo lucro ou não, bem como decidir quais as principais medidas a tomar para **reverter um prejuízo** ou **melhorar a rentabilidade** do negócio. Por pequeno empresário me refiro àquele que tem um pequeno negócio, como uma loja, um restaurante ou uma pequena fábrica. Estão nesta categoria Micros e Pequenas Empresas (MPE); objetivamente isto inclui Microempresas (**ME**) e Empresas de Pequeno Porte (**EPP**), que são empresas com faturamento anual de até R$ 4,8 milhões ou R$ 400 mil mensais em 2018. Microempreendedores Individuais (**MEI**) também podem se utilizar da maioria dos conceitos que aqui demonstro.

Fazem parte deste universo cerca de 10 milhões de empresas, responsáveis por mais da metade dos empregos com carteira assinada no Brasil, bem como responsáveis por pouco mais do que 1/4 do PIB (Produto Interno Bruto) do Brasil. As MPEs representam quase 99% das empresas brasileiras. Por vários critérios trata-se de um segmento extremamente significativo e importante da economia brasileira.

Conhecer finanças não é motivo para um empreendedor abrir um negócio; mas não conhecer, ou ignorar sua importância, é a principal razão para o fechamento de empresas. De acordo com o SEBRAE uma grande quantidade de empresas é aberta todos os anos, mas a maioria é fechada antes de completar 2 anos; e uma parte considerável nem completa o primeiro ano. As estatísticas dizem que algumas empresas fecham porque não conseguem ter lucro enquanto outras fecham por falta de capital. Mas o que é estarrecedor é a quantidade de empresas que nem ao menos sabe se o negócio é lucrativo ou não. Espero poder contribuir para **mudar esse quadro**!

1. INTRODUÇÃO

Na jornada da vida muitos atravessam a ponte errada, outros queimam a ponte certa e o resto tenta se virar numa canoa furada.

Eugene Raudsepp

Todo e qualquer negócio está amparado em 3 pilares: produto, cliente e gestão. Isto significa que os bons negócios precisam de um bom produto, uma boa atuação comercial e uma boa gestão para serem prósperos e rentáveis. Às vezes o negócio é tão bom que se sustenta e prospera mesmo com uma gestão ruim. Claro que estes negócios são raros e é pouco provável que o seu seja um deles. Mas se o negócio é bom mesmo mal administrado, imagine como a rentabilidade poderia ser melhor, se fosse bem administrado!

Nas grandes empresas o principal executivo, Presidente, Diretor Superintendente ou CEO (Chief Executive Officer), normalmente é originário de áreas ligadas ao cliente ou ao produto, como as áreas de Marketing e Produção; uma parcela significativamente menor é originária da área financeira. Isto acontece porque gestão é a terceira preocupação de um negócio, o que se justifica uma vez que sem produto ou sem cliente não há negócio. Mas isto é apenas uma sequência cronológica de planejamento, pois sem uma boa gestão financeira não é possível saber se o negócio é lucrativo, se a liquidez é saudável bem como se as perspectivas são promissoras. Enfim, sem uma boa gestão financeira não é possível saber se vale a pena, ou não, ter o negócio.

O fato concreto é que as pessoas abrem um negócio quando têm dinheiro para isso; dinheiro próprio ou dinheiro de terceiros. E fecham quando o dinheiro acaba. O que nem todos sabem, porém, é que não é porque o dinheiro acabou que a empresa é deficitária e o negócio inviável. Da mesma forma, não é porque a empresa tem dinheiro que ela é lucrativa. Sobre isto falaremos mais à frente.

Paulo Henrique Amorim em seu livro **De olho no dinheiro** argumenta que *"um bom negócio mal administrado sobrevive; um mal negócio bem administrado, não"*. Acho que em relação à primeira parte há controvérsias; mas não há dúvida alguma quanto a segunda. Assim meu primeiro objetivo é esclarecer que **apenas a gestão de seu negócio**, ao menos a financeira, **não vai garantir que seu negócio seja um sucesso**. Mas, posso lhe assegurar que vai garantir que seu negócio não fracasse por falha na gestão financeira.

Um sintoma de que um negócio está indo bem é quando o empresário gasta a maior parte do seu tempo discutindo e resolvendo problemas relativo ao produto e aos clientes, e menos tempo na gestão financeira. Quando um empresário gasta mais tempo na gestão financeira do que no negócio, pedindo novos relatórios financeiros e fazendo longas reuniões com os principais colaboradores, ou com constantes idas ao banco é porque a empresa não está indo bem. E o negócio pode não estar bem devido à dupla produto/cliente não ser, ou não estar boa, ou porque a gestão financeira está falha. Mesmo em épocas em que uma empresa está investindo através dos financiamentos apropriados, os contatos e as negociações com o banco poderão ser intensos e constantes, mas não deverão demorar muito tempo.

As reuniões sobre resultados mensais mais difíceis, mais tensas e menos produtivas de que eu costumava participar eram as reuniões para discussão de prejuízo, ou de lucro abaixo da meta, principalmente porque o gestor de cada área tentava demonstrar que o problema não era com ele; infelizmente eu presenciei mais justificativas de **onde o problema não estava**, do que a busca por **onde estava** o problema. Quando a apuração de resultados era decomposta por algum critério então, como filiais, produtos ou canal de comercialização, o foco da discussão rapidamente ia para os critérios de alocação, rateio e apuração de custos e despesas. Ou seja, ao invés de focar na discussão dos resultados, gastava-se muito tempo nas discussões dos critérios de cálculos que levavam àqueles resultados; um show de horrores. Quando uma empresa opera no prejuízo, é crítico que todos entendam os motivos pelos quais isso ocorre, bem como **as providencias necessárias para mudar o cenário**. Se ao invés do comprometimento coletivo em prol da mudança de cenário prevalecerem as desculpas individuais de não responsabilidade, o cenário não vai mudar. Como diz aquele velho ditado, *"em casa que falta pão, todo mundo reclama e ninguém tem razão!"*.

Um bom planejamento para a área financeira é aquele que libera ao empresário o tempo que ele precisa para bem cuidar do produto que vende e da clientela que o compra. Para isso o empreendedor precisa pensar na gestão financeira quando decidir investir em um negócio. Para começar é preciso saber se o negócio é financeiramente viável; para tanto é preciso fazer a análise que o mercado denomina de Estudo de Viabilidade Econômico Financeira.

Se o projeto é um pequeno negócio que o empresário vai tocar sozinho, o planejamento pode ser feito por ele mesmo, em uma ou duas folhas de papel em branco. Mas se o projeto é um pouco mais elaborado e complexo eu recomendo a contratação de alguém para assessorar na elaboração desse estudo. Se o projeto for inviável, o custo do estudo será bem menor do que o prejuízo que será evitado. Se o projeto for viável o empresário estará mais seguro e confiante para implementá-lo; e, certamente, o estudo de viabilidade vai otimizar o projeto em questões que ele nem havia pensado. De qualquer forma o empresário só tem a ganhar.

Se o negócio for prestação de serviços sem grandes investimentos e/ou consumo de material é possível que o empresário consiga controlá-lo somente com o fluxo de caixa. Caso contrário vai precisar de elaborar Balanço e Relatório de Lucros e Perdas, que é a Demonstração de Resultados do Exercício (DRE). Vamos tratar mais sobre isto, mais à frente e nos apêndices.

Implantar um negócio costuma ser uma fase excitante na vida de uma pessoa, sobretudo quando é a primeira vez e ela espera que seja a única. Principalmente para quem planejou, se preparou e economizou durante longos anos para a realização de um sonho. Para essas pessoas nosso objetivo aqui é dar as ferramentas para que este sonho não se transforme em um pesadelo.

Não é demais lembrar que as premissas de um projeto são fundamentais para qualquer estudo de viabilidade. Se você planejar um restaurante para servir 100 refeições diárias, e estiver fornecendo somente 20, o negócio não é o que você pensava que fosse; ou você está cometendo algum grande erro que precisa corrigir. Finalmente é importante ter em conta que não basta ter os números que os controles irão fornecer; o empresário precisa saber interpretá-los, ou seja, saber o que eles significam. Também é bom não esquecer que **o melhor entendimento de um negócio vem da correta interpretação de vários números, e não apenas de um**. Como veremos ao longo deste livro.

Costumo dizer que decolar um negócio é como fazer um avião decolar. Não um avião que já decolou e pousou inúmeras vezes; mas sim o protótipo de um avião que nunca decolou. E o ponto importante é que às vezes a vontade do empreendedor é tão determinante que o avião decola contra todas as possibilidades. Quem já viu a imagem de Santos Dumont decolando o avião 14-bis em Paris poderá notar que ele decolou no sentido inverso do que os aviões decolam hoje, ou seja, nos parece que decolou com a cauda para frente. Assim é a história de muitos negócios que decolaram contra todas as possibilidades. A Coca-Cola nasceu como um remédio para dor de cabeça e náuseas, enquanto o criador do KFC vendia apenas o direito de uso de sua receita secreta de frango frito, com 11 ingredientes. O criador da Avon começou vendendo enciclopédias e oferecia vidrinhos de perfume como brinde aos potenciais clientes; não é difícil imaginar o que aconteceu. Como gosto, amor e cor não se discute, a conclusão é a de que **com a devida determinação e vontade, qualquer negócio pode decolar...**

Tive um professor na faculdade que no primeiro dia de aula nos alertou de que a matéria dele não era nem mais nem menos importante do que as demais, porque para passar de ano a gente tinha que passar na matéria dele também. Com finanças é mais ou menos a mesma coisa; não é a parte mais importante de seu negócio, mas é necessária para o sucesso do negócio. A síntese do que realmente é importante em finanças estão nos 7 passos descritos nos próximos sete capítulos deste livro. O certo é que quando um negócio vai bem, todo mundo aplaude o Marketing; mas quando vai mal, culpam Finanças...

RESUMO

Cliente e produto fazem com que um negócio seja um sucesso; finanças faz com que esse sucesso não se transforme em fracasso. Então, embora finanças não seja o assunto principal, ela precisa estar presente desde o planejamento do negócio. A gestão financeira precisa ser planejada de maneira tal, que o empresário gaste mais tempo com produção e vendas do que com finanças. Mas as questões de finanças mais importantes para o empresário estão descritas nos próximos sete capítulos.

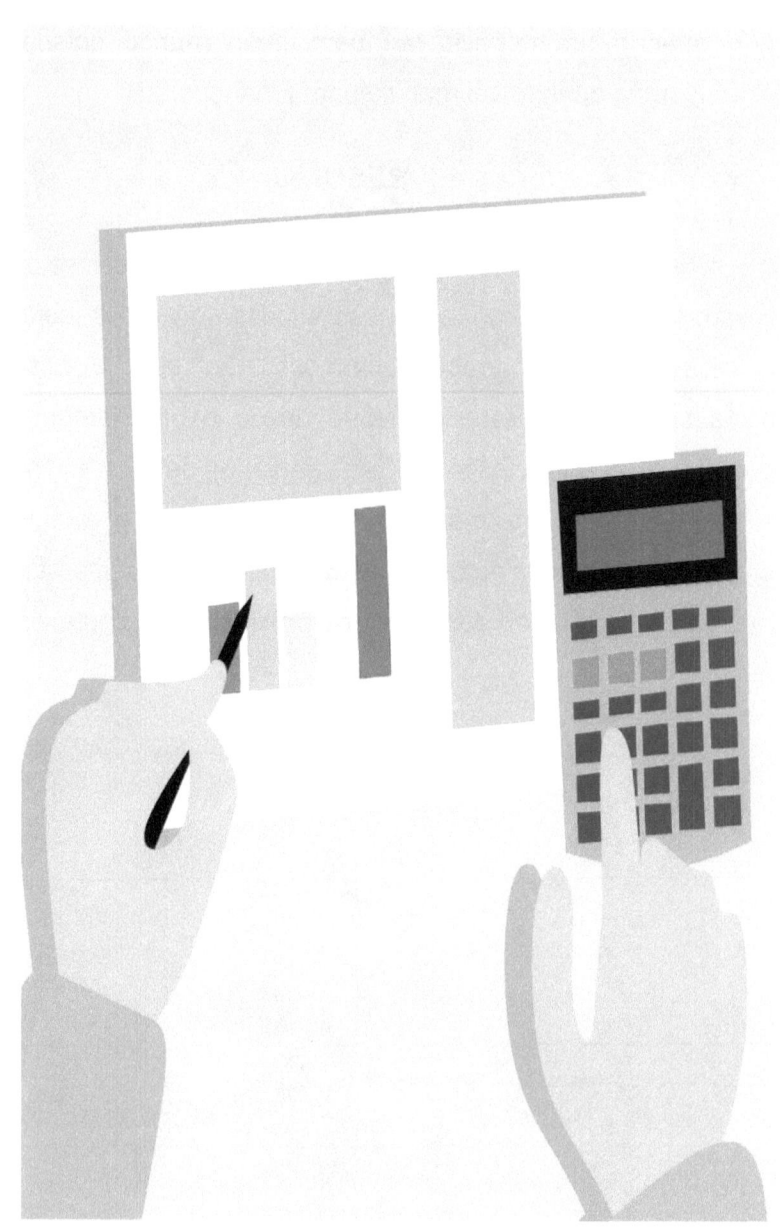

2. PRIMEIRO PASSO: INFORMAÇÃO

Um problema bem formulado é um problema meio resolvido.
Charles Kettering

Quando dirigimos um carro em uma estrada, **por exemplo**, nos servimos de uma série de informações, tanto do carro quanto da estrada, para nos certificar que estamos indo na direção correta, na velocidade permitida, com o combustível necessários, e vários outros dados, tudo com o objetivo de nos certificar que estamos nos deslocando com conforto e segurança, como planejado. Se para um simples passeio precisamos de tantos dados, por que é que alguém acha que pode administrar um negócio sem as informações necessárias? Infelizmente é o que muita gente faz; e quando o negócio não vai bem, não há como saber o motivo.

Então o **primeiro passo** para fazermos um negócio dar lucro, ou melhorar a rentabilidade atual, é ter **informação**. E a informação deve estar estruturada nos formatos necessários às analises que precisam ser feitas, e ser a mais correta possível. Nesse sentido a informação, ou informações de que as empresas precisam estão nos seguintes relatórios: **Fluxo de Caixa**, **Demonstração de Resultados do Exercício (DRE)** e **Balanço**. Resumidamente esses relatórios tem as seguintes características básicas:

a. O **Fluxo de Caixa** demonstra, como o nome sugere, o fluxo do dinheiro da empresa, ou seja, de onde o dinheiro vem e para onde vai. O relatório é composto pelo saldo inicial, o valor das entradas e saídas e o saldo final. As entradas são basicamente os valores recebidos dos clientes; e as saídas são os valores gastos com as diversas contas, como fornecedores, salários, impostos etc. O relatório é feito periodicamente, podendo ser diário, semanal, mensal etc.; pode ser feito com valores reais demonstrando o que ocorreu, ou com valores estimados, projetando o que pode acontecer. Consulte o **Apêndice A** para conhecer mais sobre este relatório;

b. A **Demonstração de Resultados do Exercício (DRE),** também conhecida como Lucros e Perdas, é o relatório que mostra o lucro ou prejuízo de uma empresa, num determinado período. Isso é feito demonstrando os valores das operações da empresa durante esse período, começando pelo faturamento, e depois deduzindo impostos, custos e despesas e concluindo pela apuração do lucro ou prejuízo do período. Diferentemente do fluxo de caixa, esta apuração é feita pelo regime de competência. Então não importa se o faturamento de um período foi recebido, nem se as despesas desse período foram pagas; importa apenas que ocorreram no período em análise. Para melhor entendimento deste relatório consulte o **Apêndice B**.

c. O **Balanço** mostra o patrimônio líquido da empresa em uma determinada data; ou seja, mostra todos os bens e direitos (Ativos) que a empresa possui, bem como as dívidas e obrigações (Exigibilidades) na mesma data. A diferença entre o valor dos ativos e o valor das exigibilidades é o Valor do Patrimônio Líquido. Se o valor do ativo for maior que o das exigibilidades, a empresa terá um Patrimônio Líquido positivo; caso contrário terá um Patrimônio Líquido negativo. Normalmente se apura um balanço no fim do mês, de um trimestre ou de um ano. Consulte o **Apêndice C** para conhecer mais sobre este relatório;

Para os propósitos deste livro, que é a busca ou melhoria da rentabilidade do negócio, o relatório que mais importa é a **DRE,** o relatório de lucros e perdas; e é baseado nesse relatório que vamos explorar os outros **6 passos deste livro**. Mas os três relatórios é que dão o conjunto de informações necessárias à boa gestão de uma empresa; nesse sentido eles se completam.

Considerando que a DRE é uma necessidade, a primeira questão então é: as micros e pequenas empresas dispõe deste tipo de relatório? E, infelizmente, a resposta é: depende. Ocorre que a DRE poderia ser fornecido pelos escritórios a quem as Micros e Pequenas Empresas confiam o processamento de suas contabilidades. Infelizmente somente a contabilidade de empresas enquadradas no regime de Lucro Real - que não são muitas - dispõem dos dados necessários à elaboração da DRE pelos respectivos escritórios de contabilidade.

Quando o empresário tem a **empresa enquadrada no regime de lucro real** ele procura enviar a documentação necessária para que o contador faça todos os lançamentos possíveis e apure o lucro corretamente; e se o empresário não enviar, o contador cobra a documentação faltante. Mas os demais empresários não são cobrados, pois do ponto de vista do escritório de contabilidade a documentação mínima necessária é o faturamento, para apuração dos impostos a pagar, e dados dos empregados, quando existirem, para cálculo da folha de pagamento. Já em relação aos empresários, às vezes não fornecem a documentação por que não são cobrados e às vezes porque não dispõem das mesmas. Então, resumidamente, a maioria dos empresários **não dispõe da DRE porque não envia a documentação necessária ao contador**.

Eu tenho minha própria Microempresa e, embora seja contador, contrato um escritório para o processamento da mesma por uma questão de foco. Meu contador disponibiliza o processamento completo da contabilidade de seus clientes, sem cobrar nada adicionalmente. Mas reconhece que **a maioria das**

empresas não envia a documentação necessária; em decorrência disso essas empresas ficam sem Balanço e sem a DRE. Para ter esses relatórios cada empresário precisa consultar o respectivo contador para saber quais os dados que precisam ser enviados rotineiramente ao escritório de contabilidade. Não posso garantir que todos os escritórios vão passar a fornecer esses relatórios sem nenhum custo adicional; mas tenho certeza que todos os escritórios têm estrutura para fornecer esses relatórios, que são imprescindíveis para a boa gestão dos negócios!

Com exceção das startups assistidas por incubadoras e aceleradoras, a maioria dos empreendimentos começa por necessidade, sem planejamento e com pouco dinheiro, com muita disposição e força de vontade. Mas sem os conhecimentos suficientes sobre o mercado de atuação, concorrência, finanças, técnicas de gestão e às vezes sobre o próprio produto, o entusiasmo inicial vai dando lugar a uma preocupação, à medida que os resultados não são os esperados e os recursos começam a minguar. De repente o empreendedor vê o sonho de ter o próprio negócio se tornar um pesadelo, principalmente por que muitas vezes ele está usando um dinheiro que guardou a vida toda, ou pegou emprestado com algum familiar, e está apostando todas as suas fichas para que o negócio seja um sucesso.

Uma organização de porte médio, que já passou pelas dores do crescimento, tem experiência nas áreas básicas de funcionamento da empresa, como produção, comercialização, finanças e recursos humanos. E tem recursos para buscar conhecimento em necessidades para as quais não tem competência interna, como assuntos jurídicos, tributários, e outros que as empresas tradicionalmente terceirizam. Não é o que acontece na pequena empresa, onde os recursos são mais limitados, principalmente os financeiros.

Via de regra, na pequena empresa as decisões estão centralizadas no empreendedor ou sócio principal. Os colaboradores têm pouca ou nenhuma autonomia para decidir nada que seja novo. E, na maioria das vezes, o problema está centralizado no empreendedor porque nem ele tem as respostas necessárias; e como os recursos não são abundantes a empresa não busca competência externa, tomando algumas decisões de forma errônea e postergando outras. A certa altura o empreendedor conclui que o negócio não está indo bem, mas não entende por que; sabe que precisa reagir e tomar algumas ações, mas não sabe exatamente quais.

O objetivo deste livro é indicar as informações necessárias à boa gestão de seu negócio, bem como debater as formas de análise e interpretação de tais informações.

RESUMO

O primeiro passo para fazer seu negócio dar lucro é ter as informações financeiras necessárias e suficientes para controlar e administrar o negócio. Para tanto a empresa precisa ter o Fluxo de Caixa, a Demonstração de Resultados do Exercício (DRE) e o Balanço; para a boa gestão financeira de uma empresa esses 3 relatórios são necessários. Mas, para os propósitos deste livro, o relatório que mais importa é a **DRE**. Para obter esses relatórios o empresário precisa encaminhar toda documentação necessária mensalmente ao respectivo escritório de contabilidade. E deve consultar o escritório para saber qual é essa documentação.

3. SEGUNDO PASSO: PREÇO

Valoriza-te para mais; os outros ocupar-se-ão em baixar o preço.
Anton Tchekhov

Muitos especialistas em marketing defendem que a maneira mais rápida e mais eficaz para que uma empresa maximize seu lucro é começar fixando o **preço** corretamente; concordo que é um bom começo. Para isto grandes empresas lançam complexas campanhas de pesquisa de mercado, a partir do qual levantam uma infinidade de dados, que processados por complexas fórmulas fornecem os preços ideais a serem praticados nos mais diversos canais, regiões geográficas e formatos de comercialização. Pequenas Empresas, por limitação de recursos, normalmente precisam trilhar o caminho da tentativa e erro. Quanto menos errar, mais lucro vai gerar.

Grandes empresas também podem se dar ao luxo de discussões mais profundas sobre resultados comerciais: "o cliente tem dinheiro?", "o cliente precisa do produto?", "o preço é compatível com o mercado?", "o cliente decide sozinho?", etc. Já o pequeno empresário sempre que visualizar uma oportunidade de negócio tem que pôr a faca nos dentes e ir buscar a presa, ou o pedido. Tive uma professora de inglês que dizia que quando o cliente entra na loja a gente precisa trancar a porta e só abrir depois da venda. Embora minha professora fosse americana, ela falava bem o português. Mas, como representante comercial, ela ligava nas empresas a procura do contato falando em inglês; o resultado era que todo mundo queria ajudá-la a falar com contato objetivado. Todo mundo precisa desenvolver um jeito próprio, que funcione, para vender seu produto!

Muitas vezes grandes empresas têm outros objetivos além do lucro, como participação do mercado e valor da empresa na bolsa de valores. A pequena empresa normalmente tem como única meta o maior lucro possível; ela apenas não pode correr o risco de praticar um preço que comprometa ou elimine sua continuidade no mercado. Em uma piada antiga um velho empresário diz que marketing é bom, "desde que não atrapalhe as vendas". Na pequena empresa a situação é mais ou menos assim porque técnicas de marketing que funcionam em outras empresas, não necessariamente vão funcionar no seu negócio.

Quando um pequeno empresário precisa definir o preço de seu produto ou de um de seus produtos, os seguintes componentes precisam ser considerados: **cliente**, **concorrência** e **produto**. Ou seja, o empresário precisa desenvolver uma estratégia de preço tendo em mente estes três aspectos. Como cada caso é um caso o empresário vai entender o que pesa mais, e o que, eventualmente, não é relevante.

Quando o empresário erra no preço para cima, certamente vai vender menos, e o preço mais alto não vai compensar a perda de margem decorrente de um volume de vendas menor. Por outro lado, se ele errar no preço para baixo, poderá – mas não necessariamente - vender mais, mas o volume maior de vendas não vai compensar a perda de margem decorrente de um preço menor. Se eventualmente uma das duas afirmações, ou ambas, forem falsas, então o preço não estará errado. Mas sempre existe um preço que maximiza o resultado, ainda que este preço tenha que ser constantemente ajustado face a alguma circunstância. Como o feirante que começa o dia com o preço mais alto e vai reduzindo até o fim da feira.

CLIENTE

O cliente é o primeiro componente de preço a ser considerado, pois é o cliente que vai, ou não, pagar o valor definido. Segundo os especialistas, é fundamental entender o valor que o cliente dá a um bem ou serviço, e que

Valor = Benefício Percebido (-) Custos Percebidos.

A partir desta fórmula podemos deduzir que há valor para o cliente sempre que os benefícios percebidos por ele forem maiores do que os custos. Nesse sentido a grande missão é fazer com que o cliente perceba a solução que está comprando, bem como os benefícios inerentes a esta solução. O produto ou serviço vendido tem um conjunto de benefícios aparente; a solução tem muito mais. Mas o cliente precisa ser ajudado a perceber todos benefícios que a solução apresenta; com mais benefícios percebidos o preço do produto fica mais barato, ou mais aceitável.

CONCORRÊNCIA

A concorrência é o segundo componente de preço a ser considerado. Ao avaliar o preço praticado por sua empresa, você não pode esquecer de fazer uma comparação com a concorrência. Veja se o seu preço é parecido com o dos concorrentes ou se você cobra mais justamente por oferecer um atendimento diferenciado. Cobra um preço mais baixo para vender mais? Mais importante que ter preço mais baixo é oferecer uma solução que o cliente perceba como mais valor para ele. Então se **o preço do concorrente** for mais baixo que o seu, **compare o valor** que ele oferece com a solução oferecida pela sua empresa, **antes de pensar em recalcular seu preço** para manter a competitividade. Pode ser vantajoso para você continuar cobrando mais, desde que ofereça vantagens e diferenciais aos clientes.

Para existir, toda empresa precisa de clientes, mas não necessariamente de concorrentes. O problema é que ter ou não concorrência não é você que decide. Então é necessário que o empresário entenda **quão relevante é a concorrência para o negócio**, e em decorrência fazer o monitoramento dela tão intenso quanto mais relevante a concorrência for para o negócio. E não se esqueça que **a concorrência é seu melhor professor**;

ou seja, a concorrência não tem somente aspectos negativos para seu negócio. Como curiosidade lembro que há situações em que o negócio só existe porque há concorrência. As melhores feiras (feiras livres ou feiras temáticas) são aquelas que tem mais barracas, ou mais participantes; os motéis se concentram em uma região; as agências bancárias, por segurança, costumam estar próximos um dos outros. E a lista continua...

PRODUTO

O produto é o terceiro e último componente de preço a ser considerado; mas nem por isto o menos importante. Para os objetivos deste capítulo produto é a solução que a empresa vende e entrega a seu cliente. Sendo assim, neste quesito o principal objetivo é agregar o maior número possível de itens que agreguem valor a solução a ser entregue ao cliente. Para tanto a empresa, e/ou o vendedor precisam se municiar de técnicas de marketing, tais como:

- Bom atendimento
- Assistência técnica
- Atendimento em garantia
- Conhecimento do produto
- Atendimento em pós-venda
- Etc.

Só não vale exagerar, prometer o que não pode entregar e perder credibilidade. Por fim, para quem tem medo de exagerar no preço, lembro que muitos clientes, normalmente mais exigentes, tendem a associar níveis preço com a qualidade do produto. Isto significa que esta faixa de clientes não vai comprar se o preço for tão barato que o cliente entenda não ser possível ter a qualidade esperada.

Outro aspecto relevante de preço, tratado nesta seção são os custos diretos dos produtos. Enquanto o mercado não dispunha da quantidade e variedade de produtos que hoje encontramos, os preços eram feitos a partir dos custos. **Hoje sabemos que quem faz o preço é o mercado**. Claro que o mercado é um conceito muito amplo que extrapola os limites das finanças, por exemplo. Nesse sentido os custos só servem para que calculemos o preço mínimo a ser praticado, e que garanta a sobrevivência da empresa. Voltaremos a falar de custos no **Capítulo 6**.

ESTRATÉGIAS DE PREÇO

Em relação ao cálculo em si do preço, a despeito das técnicas apresentadas acima que é apenas uma modesta amostra do imenso arsenal de técnicas de marketing hoje disponíveis, o fato é que a maioria dos pequenos empresários faz preço de forma empírica, sem grandes considerações. Empresas comerciais se utilizam muito da técnica do **mark-up**, que é a multiplicação do custo de compra por um fator, ou a utilização de uma fórmula, onde o custo de compra é a variável a ser inserida. Na forma mais simples, com o fator 2, por exemplo, um produto comprado por R$ 10,00 seria vendido por R$ 20,00; no uso da fórmula, o cálculo é apenas um pouco mais extenso, mas certamente simples. Mas não importa se o preço foi formado após muita reflexão ou através de algum artifício simples como o mark-up; o empresário precisa entender a rentabilidade do negócio se praticar tal preço. E a maneira correta de se fazer isto é calcular o efeito deste preço na Demonstração de Resultados do Exercício, o DRE. Para tanto consulte **Apêndice B**.

Como comentei no início do capítulo, a probabilidade maior é que o empresário atue no formato de tentativa e erro objetivando definir o preço ideal para os produtos que comercializa. Como curiosidade, veja a seguir uma série de técnicas utilizadas pelo mercado:

1. Desnatação: Fixar preço alto no início da vida de um produto, e promover reduções de preço à medida que o volume de vendas diminui, com o objetivo de conquistar novos segmentos sensíveis a preço.

2. Preço distintos, ou seja, desconto em um segundo mercado: Consiste na venda de um produto a um determinado preço no canal de vendas principal e a um preço reduzido, no canal secundário de mercado.

3. Desconto periódico: oferecer descontos sistematicamente e de forma previsível.

4. Desconto randômico: oferecer descontos ocasionais e de forma imprevisível.

5. Cotar abaixo do preço da competição: Fixar preços em níveis inferiores ao dos concorrentes.

6. Líderes de mercado: determina o nível de preço do setor.

7. Seguidores de preços: A empresa segue o preço de outra.

8. Preço de penetração: Fixar um preço introdutório baixo com a intenção de obter participação no mercado.

9. Estratégias de preços por linhas de produtos: Fixar um preço baixo no produto básico e um preço mais alto nos produtos necessários ao funcionamento do produto básico que têm um preço alto.

10. Preço isca: atrair clientes com produtos de preço baixo objetivando vender produtos mais caros.

11. Preço pacote: É um preço promocional para um conjunto de produtos, onde o preço total é menor do que a soma do preço de cada produto considerado separadamente.

12. Preço psicológico ou Preço referência: Formulação de um preço com base no preço de referência que os consumidores já possuem em mente.

13. Preços ocasionais: é a técnica de tentar mudar a dimensão de um preço, através de um desconto simbólico, como R$ 1,99 ao invés de R$ 2,00.

14. Preço prestígio: é quando os consumidores observam o preço de determinado produto como indicador de alta qualidade do mesmo.

15. Estratégia Premium: é o preço alto justificado pela alta qualidade do produto.

16. Estratégia preço médio: é o preço médio de um produto de média qualidade.

17. Preço de economia: é o preço baixo para produtos de baixa qualidade.

18. Preço Predatório: São preços estabelecidos abaixo do que o mercado pratica, objetivando eliminar a concorrência ou impedir a entrada de novos concorrentes no mercado.

E a lista continua. Cada negócio tem suas particularidades.

DICAS PARA O BOM VENDEDOR

Para fechar o capítulo gostaria de falar um pouco sobre a arte de vender. Cada especialista de marketing tem sua própria lista de atributos que um vendedor deveria ter para ter sucesso na atividade de vendas. Minha avaliação é quase todas as dicas estão corretas. Não sendo especialista, vou listar algumas que entendo serem mais relevantes:

- Aprenda a ouvir
- Aprenda a falar
- Aprenda a perguntar
- Demonstre empatia
- Demonstre confiança
- Seja honesto
- Trabalhe para o sucesso de seus clientes
- Conheça seu produto
- Conheça seu cliente
- Desenvolva networking
- Acolha feedbacks
- Entenda a hora de parar
- Etc

RESUMO

O primeiro grande desafio de uma empresa, em termos de rentabilidade é definir o preço de venda, pois a maneira mais rápida e mais eficaz para que uma empresa maximize seu lucro é fixando o preço corretamente. Nesse sentido a empresa precisará ser competente na melhor utilização das ferramentas de marketing que possam ajudar nesta empreitada. O preço ideal é aquele que otimiza a rentabilidade do negócio, ou seja, aquele que proporciona ao negócio o maior valor de lucro; para isto precisa ser o maior preço possível que o mercado aceitar pagar, considerando a concorrência e os produtos alternativos, sem comprometer a imagem e o futuro do negócio.

4. TERCEIRO PASSO: VOLUME

Sorte é o que acontece quando a preparação encontra a oportunidade.

Sêneca

O valor do faturamento de qualquer negócio é definido pela somatória do resultado da multiplicação de **preço x volume** de todos os produtos e serviços comercializados; pode ser um conjunto de produtos e serviços ou apenas um produto ou um serviço. No capítulo anterior falamos sobre preço; neste vamos tratar de **volume**.

Grandes empresas fazem inúmeras analises segmentadas do valor do faturamento; quanto maior a empresa mais diversificada são as análises. Para as grandes empresas não basta um alto valor de faturamento, mesmo que isto decorra de um expressivo crescimento das atividades da entidade. As grandes corporações analisam separadamente os preços e os volumes que compõem o valor do faturamento, decomposto nas mais variadas formas, como canal de vendas, composição geográfica e os diferentes formatos de comercialização, dentre outras. Com várias aberturas dos números relativo ao faturamento é possível identificar onde a empresa teve um bom desempenho, bem como onde não foi bem. Este detalhamento permite que a empresa tenha informações para entender onde pode melhorar ainda mais o faturamento.

As pequenas empresas não têm tempo nem recursos para uma análise semelhante, ainda que proporcional. Mas as pequenas empresas também precisam tomar as providências necessárias para ter o volume de negócios suficiente para mantê-las funcionando. A causa de encerramento de atividades da **maioria** dos bares, restaurantes, lojas, academias, escolas, etc., é a falta de **volume de vendas necessário para que o negócio tenha lucro**. Aliás, no Brasil, bares e restaurantes são os negócios que mais se abre e mais se fecha. Fala-se muito que as empresas fecham por falta de capital; mas a falta de capital é consequência de volume de vendas incompatível com a necessidade da empresa. Ou seja, as empresas não vendem o volume que precisariam vender, para sustentar o custo da respectiva estrutura operacional.

PONTO DE EQUILÍBRIO

Esta é uma **informação extremamente importante** para todos os empresários; ou seja, todo empresário deveria conhecer o ponto de equilíbrio de seu negócio. Em termos simples, o ponto de equilíbrio é aquele em que um determinado volume de faturamento resulta em um lucro igual a zero; isto significa que a margem (lucro das vendas) dos produtos vendidos é igual ao custo fixo da empresa. A partir desta informação o dono de um restaurante pode saber, **por exemplo**, que se o estabelecimento faturar R$ 90.000,00 por mês, o lucro será igual a zero. Em decorrência ele também saberá que se faturar abaixo deste valor terá prejuízo, bem como que só terá lucro se faturar acima deste mesmo valor. Por consequência da mesma informação o empresário poderá calcular o lucro que terá, se o faturamento for de R$ 100.000,00 por mês, ou quanto terá que faturar para ter um lucro de R$ 12.000,00 por mês; sempre **por exemplo**. Esta técnica está demonstrada no **Capítulo 7**, onde tratamos da Estrutura Operacional do negócio.

DÚVIDA CRUEL

Muitos empresários, principalmente quando ainda se encontram na fase inicial do negócio, se deparam com a dúvida de investir ou não em programas de marketing para acelerar o processo de aumento do volume de faturamento da empresa, objetivando antecipar a chegada ao volume que garante ao menos o ponto de equilíbrio. É certo que tanto gastar com marketing, quanto incorrer em prejuízo, consome recursos do empresário, ou gera endividamento. Mas também é certo que o **valor do prejuízo é sempre maior** que o custo do investimento em marketing; a menos que o negócio seja inviável. E tanto no caso de a empresa ser viável, quanto no caso de não ser, é mais interessante investir em marketing. No primeiro caso o retorno do investimento feito no negócio começa antes; no segundo caso a conclusão de que o negócio é inviável também é antecipada. Saber antes que o negócio é inviável, permite ao empresário fazer os ajustes que puderem ser feitos para recuperar o negócio, ou reduzir o valor do prejuízo total, pela antecipação do encerramento da atividade.

VOLUME X ESTRUTURA OPERACIONAL

Um aspecto muito relevante na análise do volume de vendas é que existe uma relação direta entre o volume de vendas que uma empresa realiza e a estrutura operacional que dá suporte ao negócio. Significa, de um lado, que um determinado volume de vendas precisa uma certa estrutura operacional, e de outro, que determinada estrutura operacional tem a capacidade de atender até um determinado volume de vendas.

Considerando a relação que existe entre volume de vendas e a estrutura operacional de um negócio, quando um empresário decide abrir um negócio ele deveria pesquisar o volume de vendas que consegue fazer com a estrutura que está montando, bem como o custo desta estrutura, para planejar a rentabilidade do negócio. Mas o que normalmente acontece é que o empresário monta a fábrica, o restaurante ou a loja no tamanho e formato que ele deseja, ou tem recursos para tanto, e posteriormente ele vai em busca do volume que precisa; e que **nem sempre é possível de ser obtido**.

Diferentemente do que muitos empresários pensam, nem sempre aumentar o volume do faturamento é a solução para os problemas de uma empresa. Se o negócio estiver faturando o volume que usa toda estrutura disponível e isto não for suficiente para gerar lucro, a solução não é aumentar o faturamento, mas sim reduzir o custo da estrutura operacional. Quando um empresário procura aumentar o faturamento estando a plena capacidade, o efeito é que ele terá de fazer novos investimentos para aumentar estrutura operacional do negócio, sem saber quando conseguirá aumentar o faturamento. Na verdade, se um negócio funcionando a plena capacidade não der lucro e o empresário dobrar a capacidade, é quase certo que terá que dobrar a estrutura operacional; e quase que certamente vai **dobrar o prejuízo**. Simples assim; e isto sem considerar que primeiro o empresário terá de investir, e posteriormente ir buscar os novos clientes...

A maioria dos pequenos empresários consegue definir o preço de seus produtos e serviços, correta ou aproximadamente; mas poucos sabem ou conseguem definir o volume de faturamento necessário para que o negócio seja lucrativo. A melhor ferramenta para atingir este objetivo é uma técnica denominada *Analise da Relação Custo x Volume x Lucro (CVL)*. Vamos detalhar esta técnica no **Capítulo 7**, quando abordamos os custos da **Estrutura Operacional** do negócio.

AUMENTANDO O VOLUME

Sempre que uma empresa tiver condições de aumentar o volume de vendas sem perda de preço em seu mercado e sem precisar aumentar sua estrutura operacional, ela deve aproveitar a oportunidade. Já se houver efeito em preço ou na estrutura operacional o assunto precisa ser melhor analisado para a correta decisão. Mas é pouco provável que a tentativa de um pequeno empresário em aumentar seu volume de vendas implique em redução de preço de seu produto no mercado; ele teria que estar em um nicho muito específico, ou seja, em um mercado tão pequeno para que a ação isolada dele afete todo este mercado. E já falamos bastante sobre o custo da Estrutura Operacional...

Independente de outras considerações o pequeno empresário deveria aumentar o volume de vendas seguindo o método do feirante. Se, por exemplo, o cliente gastar R$ 7,00 em uma dúzia de bananas, e pagar com uma nota de R$ 10,00, certamente o feirante fará uma oferta interessante pelo troco, ao invés de simplesmente entregar R$ 3,00 ao cliente. Embora esta venda marginal proporcione uma margem de lucro percentualmente menor, isto não elimina o fato de que ele fez uma venda adicional, que de outra forma ele não faria. Esse aumento no volume de vendas aumenta o lucro final do negócio.

Um erro grosseiro que **alguns** comerciantes cometem é fazer preço proporcional no comércio de pequenas quantidades, como sucos e sorvetes e outros. **Ao invés disto**, com o objetivo de gerar um volume maior de vendas, o preço deveria aumentar em proporção menor do que o aumento da quantidade ou volume. Por exemplo, na venda de caldo de cana:

- 300 ml   R$ 3,00
- 500 ml   R$ 4,00

Neste exemplo **o vendedor desafia** o cliente a tomar bem mais, por um pequeno acréscimo no preço, não proporcional. É importante considerar que o cliente normalmente vem para gastar R$ 3,00; ao notar a oferta muitos se perguntam: Por que não?

Grandes empresas, por uma questão de controle, **não têm flexibilidade para discutir preços**. Certamente este é mais um trunfo para pequenas empresas gerarem volume de vendas marginas através de concessões de preços que gerem vendas, que de outra forma não seriam geradas, sem prejuízo na continuidade dos negócios.

Em síntese, em uma pequena empresa sempre é importante aumentar o faturamento, mesmo com mais vendas com menos rentabilidade, pois o que importa é que estas vendas aumentam o lucro total do negócio, sem nenhuma contraindicação. Isto nem sempre é verdade em grandes empresas; mas isto é uma outra história...

RESUMO

Todo empresário deveria conhecer o **Ponto de Equilíbrio** de seu negócio. Ponto de equilíbrio é a situação em que o volume de vendas é tal que o lucro da empresa é igual a zero; ou seja, a empresa não tem lucro nem prejuízo. Com esta informação o empresário sabe que se vender menos que o volume do ponto de equilíbrio terá prejuízo; e para ter lucro terá de vender mais. Se não conseguir vender mais, o empresário também tem a opção de adequar o custo da estrutura operacional da empresa ao volume de vendas possível, gerando lucro através da redução dos custos fixos do negócio.

5. QUARTO PASSO: REGIME TRIBUTÁRIO

Só duas coisas são certas neste mundo: a morte e os impostos.
Benjamin Franklin

Todo começo de ano as Pequenas Empresas precisam escolher o regime tributário sob o qual estarão enquadradas durante todo o ano; acertar neste processo **é o quarto passo** para fazer seu negócio dar lucro! As MEIs não precisam se preocupar com isto pois seu regime de tributação é único. Mas as empresas que precisam optar, se erram na escolha, pagam mais imposto; simples assim. Nesse sentido o objetivo deste capítulo é auxiliar o empresário na escolha da correta opção. Embora o contador seja responsável por esta definição, ele não conseguirá fazer a opção correta, se não receber do empresário as informações necessárias para suportar tal decisão.

Para começar precisamos conhecer os 3 regimes tributários principais existentes no Brasil, que são: **Simples Nacional, Lucro Real** e **Lucro Presumido**. Além de conhecer os regimes tributários o empresário também vai precisar estimar faturamento, custos e despesas do exercício, para que o contador possa simular as alternativas e definir o regime tributário apropriado para o cenário esperado; o regime tributário que deu certo em um exercício não necessariamente dará certo no exercício seguinte, principalmente se houver grandes alterações nas atividades, para mais ou para menos.

No regime denominado de **Simples Nacional**, podem se enquadrar empresas com faturamento anual de até R$ 4,8 milhões, o que inclui **ME** e **EPP**. Este regime está dividido em 5 grupos, denominados como **Anexos**; o enquadramento em cada um dos 5 anexos ocorre em função da atividade de cada empresa. Resumidamente as empresas se enquadram nos seguintes Anexos:

- **ANEXO I** se refere às empresas de comércio;
- **ANEXO II** se refere às empresas industriais;
- **ANEXO III** enquadra empresas que fornecem serviços de instalação, reparos e manutenção, agências de viagens, academias, escritórios de contabilidade, empresas de medicina e odontologia, etc.
- **ANEXO IV** enquadra empresas que fornecem serviços de limpeza, obras, vigilância, construção de imóveis e serviços advocatícios, etc.
- **ANEXO V** enquadra empresas que fornecem serviço de auditoria, jornalismo, tecnologia, publicidade, engenharia, entre outros.
- **Fator R.** Trata-se de uma regra criada para incentivar o uso de mão de obra. De acordo com esta regra, atividades enquadradas no **Anexo V**, que nos 12 meses anteriores tenham gasto com mão de obra (custo total da folha de pagamentos) 28% ou mais do faturamento do período, serão tributadas de acordo

com o **Anexo III** onde as alíquotas são mais suaves, principalmente nas primeiras faixas.

Para o correto enquadramento você deve consultar o artigo 18 da Lei Complementar 123/2006, com as alterações da Lei Complementar 155/2016; mas não se preocupe, porque isto será feito automaticamente por seu contador. De qualquer forma veja abaixo um resumo das alíquotas do Simples Nacional, por faixa de faturamento e por Anexo:

	ALIQUOTAS CONFORME ANEXO DO SIMPLES NACIONAL					
Faixa	Valores da Faixa - R$	I	II	III	IV	V
1	Até 180.000,00	4,00%	4,50%	6,00%	4,50%	15,50%
2	de 180.000,01 até 360.000,00	7,3%	7,8%	11,2%	9,0%	18,0%
3	de 360.000,01 até 720.000,00	9,5%	10,0%	13,5%	10,2%	19,5%
4	de 720.000,01 até 1.800.000,00	10,7%	11,2%	16,0%	14,0%	20,5%
5	de 1.800.000,01 até 3.600.000,00	14,3%	14,7%	21,0%	22,0%	23,0%
6	de 3.600.000,01 até 4.800.000,00	19,0%	30,0%	33,0%	33,0%	30,5%

Embora o entendimento das alíquotas do imposto nos 5 anexos e 6 faixas de faturamento anual seja claro e simples, a sua aplicação prática não tem a mesma simplicidade. Para não confundir a situação ainda mais, não vamos abordar como era, mas sim como passou a ser, desde janeiro de 2018. Assim, para fazer o cálculo mensal precisamos fazer uso de uma segunda tabela, com os descontos fixos por faixas, que é um conceito semelhante ao que encontramos no cálculo do imposto de renda; mas apenas semelhante. Assim o empresário vai precisar fazer uso deste desconto sempre que nos 12 meses anteriores ao do mês que está calculando, a empresa já tenha ultrapassado os limites da primeira faixa, ou seja, o valor de R$ 180.000,00. Vejam abaixo um resumo dos descontos fixos, por faixa de faturamento e por Anexo:

DESCONTO FIXO CONFORME ANEXO DO SIMPLES NACIONAL					
Faixa nº	I	II	III	IV	V
1	0,00	0,00	0,00	0,00	0,00
2	5.940,00	5.940,00	9.360,00	8.100,00	4.500,00
3	13.860,00	13.860,00	17.640,00	12.420,00	9.900,00
4	22.500,00	22.500,00	35.640,00	39.780,00	17.100,00
5	87.300,00	85.500,00	125.640,00	183.780,00	62.100,00
6	378.000,00	720.000,00	648.000,00	828.000,00	540.000,00

De posse das duas tabelas acima, vamos tentar entender a forma de cálculo dos valores mensais do imposto devido pelas empresas enquadradas no simples. Enquanto o faturamento acumulado da empresa nos 12 meses anteriores ao mês que estiver calculando for igual ou menor do que R$ 180.000,00, a alíquota a ser utilizada é a da primeira linha da tabela, na coluna do Anexo em que a empresa está enquadrada. Quando o faturamento acumulado dos 12 meses anteriores ultrapassar o limite mencionado, há a necessidade de utilizar o que a Receita Federal definiu como alíquota efetiva, e que tem a seguinte fórmula:

$$\text{Alíquota efetiva} = \frac{(RBA12 \times \text{alíquota}) - DF}{RBA12}$$

Onde: **RBA12** é o faturamento bruto acumulado nos 12 meses anteriores;

Alíquota é percentagem na coluna do respectivo Anexo, referente ao valor do RBA12.

DF é o desconto fixo, encontrado na linha/coluna equivalente na tabela de Desconto Fixo.

O resultado na equação acima é o que a Receita Federal definiu como alíquota efetiva; e esta é a alíquota a ser utilizada no cálculo do imposto devido no mês. Para melhor entendimento do cálculo vamos tomar como **exemplo** um prestador de serviço enquadrado no **Anexo III**, que no mês faturou R$ 20.000,00 e nos 12 meses anteriores faturou R$ 200.000,00. A alíquota efetiva, a ser utilizada no cálculo do imposto devido sobre o faturamento de R$ 20.000,00 virá do seguinte cálculo:

$$\text{Alíquota efetiva} = \frac{(200.000,00 \times 11,2\%) - 9.360,00}{200.000,00}$$

Alíquota efetiva = 6,52%

Imposto devido no mês = R$ 20.000,00 x 6,52% = R$ 1.304,00

Independente de outras conclusões podemos notar que a alíquota efetiva de 6,52% **é bem menor** que a teórica alíquota de 11,2% vigente no Anexo e respectiva faixa de faturamento. E isto vai acontecer para qualquer situação, ou seja, qualquer faturamento acima da faixa 1, referente a qualquer Anexo. Para **resumir**, as empresas enquadradas no **Simples Nacional** pagam um valor único, ainda que eventualmente decomposto, decorrente de uma alíquota aplicada sobre o valor do faturamento do mês.

No regime de **Lucro Real** as empresas não utilizam uma alíquota unificada de tributação para faturamento e lucro, mas dois conjuntos de impostos, sendo um para tributação do faturamento e outro para a tributação do lucro. Isto significa deixar de ter uma alíquota e uma base única de cálculo de impostos e passar a ter dois conjuntos de impostos e duas bases de cálculos de impostos; uma base de cálculo é o faturamento e a outra é o Lucro Antes do Imposto de Renda. Em relação ao faturamento entram em cena **PIS** (Livro de Integração Social), **COFINS** (Contribuição para o Financiamento da Seguridade Social), **ISS** (Imposto Sobre Serviços de Qualquer Natureza) empresas de prestação de serviços), **ICMS** (Imposto sobre Circulação de Mercadorias e Serviços) e **IPI** (Imposto sobre Produtos Industrializados). As informações sobre o faturamento estão naturalmente disponíveis. Mas, para apurar o Lucro Antes do Imposto de Renda a empresa precisa controlar, além do faturamento, os impostos do faturamento, o custo de produtos e/ou serviços, bem como todas as demais despesas, incluindo a depreciação de investimentos e custos financeiros. Tudo isto é novo e vem acompanhado de uma complexa legislação. Para sobreviver a este cenário o empresário precisa mais do apoio de um contador; bem mais do que nos outros regimes tributários!

Estão obrigadas ao regime de Lucro Real empresas que no exercício anterior obtiveram um faturamento superior a R$ 78 milhões, ou que tenham atividades enquadradas no artigo 14 da Lei 9718/98; se ano anterior a empresa não operou o ano inteiro, o valor a considerado no ano anterior será proporcional ao tempo de operação.

No regime de **Lucro Presumido**, as empresas que **não estão obrigadas** a se enquadrarem no regime de Lucro Real podem optar por não apurar o lucro realmente obtido com suas operações e presumir um percentual de lucro a ser calculado sobre o faturamento; uma das regras é que somente empresas com faturamento anual de até R$ 78 milhões podem ser enquadradas neste regime. Normalmente este regime é interessante para empresas que não se enquadram mais no SIMPLES, e tem lucro acima da presunção assumida pelo fisco. Eventualmente empresas enquadradas no SIMPLES também devem avaliar o Lucro Presumido, principalmente aquelas que já estão pagando altas alíquotas de imposto.

No regime de Lucro Presumido o fisco presume o lucro de uma atividade em um percentual pré-fixado. As empresas que optarem por este regime pagarão Imposto de Renda e Contribuição Social Sobre o Lucro Líquido sobre este valor, ou seja, o lucro presumido pelo fisco. Segue abaixo o percentual de presunção de lucro para algumas atividades; o valor do lucro presumido será o percentual abaixo vezes o valor do faturamento bruto:

- Revenda de combustíveis e gás natural 1,6%
- Transporte de cargas 8,0%
- Atividades Imobiliárias 8,0%
- Outras atividades, que não serviços 8,0%
- Transportes que não de cargas e serviços 8,0%
- Serviços com form. técnica ou acadêmica 32,0%
- Intermediação de negócios 32,0%

Para melhor entendimento deste capítulo demonstramos abaixo uma comparação de uma atividade, nos três regimes de tributação, através de uma empresa de prestação de serviços, que no simples seria enquadrada no ANEXO III:

Regime Tributário	Simples	Presumido	Real
Faturamento Bruto	**180.000,00**	**180.000,00**	**180.000,00**
Impostos	10.800,00	15.570,00	25.650,00
Faturamento Líquido	169.200,00	164.430,00	154.350,00
Custos & despesas	50.000,00	50.000,00	50.000,00
Lucro Antes do IR	119.200,00	114.430,00	104.350,00
IR & CS		13.824,00	25.044,00
Lucro Líquido	**119.200,00**	**100.606,00**	**79.306,00**

Para ajudar no entendimento dos cálculos dos impostos, demonstramos a seguir as alíquotas e os impostos utilizados:

ALÍQUOTAS UTILIZADAS			
Simples	6%		
ISS		5%	5%
Pis		0,65%	1,65%
Cofins		3%	7,60%
Presunção de Lucro		32%	
Imposto de Renda		15%	15%
Contribuição Social		9%	9%

No comparativo acima fica claro que a melhor opção para o empresário é o Simples Nacional, pois esta é a alternativa que gera o maior valor de lucro para a empresa.

Para encerrar este capítulo, como curiosidade, demonstramos a seguir um resumo da descrição do tipo das empresas citadas, como segue:

MEI

O Microempreendedor Individual, ou simplesmente MEI, é a forma mais simples de formalização de uma atividade comercial, industrial e de serviços. Apresenta mais de 400 opções de atividades e permite que o empreendedor tenha uma ocupação principal e até 15 secundárias. Sendo MEI o empreendedor pode emitir Nota Fiscal, podendo faturar até R$ 81 mil por ano, ou seja, uma média mensal de R$ 6.750,00. Para ser um MEI não há necessidade de um contador; basta entrar no site www.portaldoempreendedor.gov.br e seguir os passos para abertura do MEI. O MEI recolhe um valor fixo mensal de imposto, que varia entre R$ 48,70 e R$ 53,70, dependendo do enquadramento da atividade. O MEI não pode ser sócio de outra empresa.

MICROEMPRESA (ME)

Para abrir uma Microempresa o empresário vai precisar de um contador. Como ME o empresário vai definir um Pró-labore mensal e precisa recolher o INSS e IR incidentes neste valor. Cada ME se enquadra em um dos 5 anexos relativo a atividades de comércio, indústria e serviços. A Microempresa pode faturar até R$ 900 mil por ano e precisa definir em que regime tributário vai se enquadrar: Simples Nacional, Lucro Presumido ou Lucro Real. O enquadramento mais comum é o Simples Nacional, do que resulta um pagamento mensal de impostos entre 4% e 33% do valor do faturamento mensal, dependendo do Anexo em que se enquadra, e do valor do faturamento, como já visto acima.

EMPRESA DE PEQUENO PORTE (EPP)

A principal diferença da EPP com a ME, é que a EPP pode faturar até R$ 4,8 milhões por ano, com as mesmas opções de tributação, ou seja, Simples Nacional, Lucro Presumido ou Lucro Real. Isto significa que um empresário formalizado como ME, quando ultrapassa o limite de faturamento anual de R$ 900 mil em um determinado ano, passa a ser uma EPP no ano seguinte.

OUTRAS EMPRESAS

Além dos tipos de empresa acima mencionados existem outras como EIRELI, Sociedade Limitada, Sociedades Anônimas etc., com possibilidade de faturamento acima de R$ 4.8 milhões. De qualquer forma o foco deste livro são as empresas com faturamento anual de até R$ 4.8 milhões, sob qualquer denominação jurídica.

Inúmeros aspectos de tributos não foram abordados neste capítulo, como os efeitos no INSS das empresas, a substituição tributária e o direito ou não de tomada de crédito de impostos, dentre outros; são temas complexos que o empresário deve tratar diretamente com o contador, quando houver necessidade. O objetivo deste capítulo é demonstrar a importância do enquadramento tributário, para que o empresário trabalhe com seu contador, ao menos uma vez por ano, para decidir qual é o regime recomendável para seu negócio no momento da opção anual. Apenas como curiosidade, lembro que, considerando todas as **alíquotas** de tributação de faturamento, existem milhares de combinações possíveis. E, nunca é demais lembrar, a opção que for interessante em um determinado ano não necessariamente será interessante no exercício seguinte.

RESUMO

O empresário precisa escolher o regime tributário indicado para seu negócio, dentre os 3 regimes principais existentes no

Brasil, que são: **Simples Nacional**, **Lucro Real** e **Lucro Presumido**. Para tanto precisa do apoio de seu contador, fornecendo os dados requeridos por ele. Este processo precisa ser revisto anualmente, pois o regime indicado em um ano não necessariamente será o melhor para o ano seguinte. Esta decisão é tomada em todo início de ano.

6. QUINTO PASSO: CUSTO DOS PRODUTOS OU SERVIÇOS VENDIDOS

Um homem não atravessa um rio duas vezes; na segunda vez não é o mesmo homem, nem é o mesmo rio.
Heráclito

Controlar o custo dos produtos vendidos ou dos serviços prestados, parece uma necessidade óbvia; e é. Mesmo o empresário desinteressado em qualquer tipo de controle financeiro instintivamente controla, ou tenta controlar, o custo de seu produto ou serviço. Por isso mesmo controlar esse custo é o **quinto passo**. Como é o custo mais significativo em mais de 99% das empresas, há uma grande variedade de questões e aspectos desse tópico que precisa ser discutido para um melhor entendimento do tema.

De uma forma geral as empresas precisam controlar custos objetivando **racionalizar** a atividade e em decorrência ter **ganhos de produtividade**. Poucas atividades tem a chance de usar os custos para formar o preço de venda; na maioria delas o preço é determinado pelo mercado, mesmo com as otimizações decorrentes de ações de marketing. Então, na maioria das empresas, **controlar custos** e ter ganhos de produtividade **pode ser a diferença entre ter lucro e ter prejuízo**; ou entre continuar operando e encerrar as atividades.

Se o empresário vende limão na feira usando um carrinho de mão e trabalhando sozinho, é muito fácil apurar o custo de seu produto; mas se o empresário tem um restaurante, uma loja em um shopping ou uma pequena fábrica, a apuração do custo do seu produto ou serviço não é tão simples assim. **As técnicas de apuração e análise de custos surgiram e se desenvolveram após a revolução industrial, ao longo do século 19.** Então as técnicas de custos foram originalmente utilizadas na indústria e apenas posteriormente adaptadas para utilização em outras atividades, como comércio e prestação de serviços. Por este motivo vou primeiro abordar os conceitos referentes ao setor industrial, e posteriormente os de comércio e prestação de serviços.

ALGUNS CONCEITOS TEÓRICOS

Embora não seja nosso objetivo teorizar a discussão das técnicas de apuração e análise de custos, entendemos que é importante **conhecer alguns conceitos** para ajudar e facilitar o entendimento do tema:

- **Custo** é todo gasto relacionado com os fatores de produção de bens, prestação de serviços ou comércio de produtos, incluindo os gastos com a estrutura que suporta estas atividades. Os custos são compostos por matérias-primas, mão de obra e gastos gerais. Por fim os custos podem ser classificados em diretos e indiretos, bem como em fixos e variáveis;

- **Despesa** é todo gasto relacionado com a gestão do negócio, ou seja, com as áreas de administração, finanças, comercial, recursos humanos etc. Normalmente são despesas como salários, aluguel, material de escritório, juros, passagens aéreas etc.;

- **Custos Variáveis** são os custos que variam de acordo com o volume de produção ou atividade da empresa. Por exemplo: matéria prima utilizada na fabricação de um produto, mão-de-obra direta, embalagens para o produto, etc. O custo das mercadorias vendidas, nas empresas comerciais, também é um custo variável;

- **Custos Fixos** são normalmente definidos como os custos que não variam em função do aumento ou diminuição da produção. Embora correta, a definição é incompleta e insuficiente para o entendimento do conceito. Em uma fábrica, por exemplo, custos fixos são todos os custos necessários ao normal funcionamento da fábrica, sem produzir nada, ou seja, sem considerar a matéria prima e a mão de obra que vai fabricar o produto. Fazem parte dos custos fixos o aluguel da fábrica, a depreciação de todas as máquinas disponíveis para produção, o custo da iluminação (mas não da energia que move as máquinas), o salário do chefe da fábrica (e outros que embora trabalhem na fábrica, não estão diretamente ligados ao produto), o custo do seguro da fábrica e assim por diante;

- **Custos Diretos** são aqueles que podem ser identificado claramente no produto, como o aço no automóvel ou o arroz e o feijão no restaurante. No custeamento, o custo direto é alocado diretamente no produto que se quer calcular o custo individual.

- **Custos Indiretos** são os custos que não identificáveis visualmente no produto, mas que decorrem de elementos utilizados na fabricação do produto. São exemplos de custos indiretos a energia elétrica para processar o aço do automóvel e o gás usado para cozinhar o arroz e feijão do restaurante. No custeamento, os valores são normalmente rateados por algum critério predefinido entre os produtos que o utilizaram;

- **Custos Totais** é a soma de custos variáveis mais custos fixos, ou dos custos diretos mais custos indiretos. Ou seja, são duas formas de decompor os custos totais;

- **Custo Unitário** é igual ao valor dos Custos Totais dividido pela quantidade produzida, em um determinado período;

- **Mercadoria** é todo produto comprado e vendido sem nenhuma transformação, como as roupas das lojas, os produtos da farmácia e a quase totalidade dos produtos dos supermercados;

- **Matéria Prima (MP)** é todo material utilizado na fabricação de um produto e que se torna parte dele. É o caso da madeira na fábrica de moveis e do aço na indústria automobilística. Por outro lado, Matéria Prima é também um Custo Direto, como também Custo Variável.

- **Mão de Obra Direta (MOD)** é o custo da mão de obra aplicada diretamente na fabricação de um produto. Sempre que se discute custo de mão de obra, é preciso considerar que custo é salário mais encargos sociais e benefícios. A mão de obra direta é parte dos custos variáveis e custos diretos, já descritos acima;

- **Mão de Obra Indireta (MOI)** é a mão da obra da fábrica não diretamente ligada à produção. O custo da mão de obra do chefe da fábrica, da área de qualidade e da área de planejamento e controle de produção, são exemplos típicos de mão de obra indireta. De modo similar à MOD, a MOI é parte dos Custos Fixos de uma fábrica, bem como dos custos indiretos, também já descritos acima.

- **Gastos Gerais de Fabricação** se refere a todos os gastos decorrentes do processo produtivo que nçao corresponde aos materiais e mão de obra, como energia elétrica, depreciação de máquinas e equipamentos de produção, aluguel da fábrica etc.

Complementando os comentários sobre **custos fixos** acima, é importante lembrar que os custos fixos totais não variam até que se atinja a capacidade de produção da estrutura relativo a esses custos fixos. Tomemos o **exemplo** de uma fábrica de cadeiras de madeira, cujo custo fixo total mensal seja de R$ 20.000,00, e que a fábrica tenha como capacidade máxima produzir 1.000 cadeiras por mês; desse cenário é possível concluir que:

a) Se a fábrica produzir apenas 1 cadeira no mês, o custo fixo unitário será de R$ 20.000,00. A este custo ainda deveremos acrescentar os custos variáveis da cadeira, para saber o custo unitário total da cadeira pronta;

b) Se a fábrica produzir 1000 cadeiras por mês, o custo fixo unitário será de R$ 20,00 por cadeira;

c) Se o empresário quiser produzir mais do que 1000 cadeiras por mês, ele deverá acrescentar os recursos necessários, e recalcular o valor do novo custo fixo total.

Também entendemos importante esclarecer que **do ponto de vista acadêmico** a **mão de obra** direta é tratada como um

custo variável. Mas já há um razoável consenso entre os especialistas em custos de que faz mais sentido tratá-la como **custo fixo**, e **é isto que estamos fazendo neste livro**. A justificativa é que enquanto a matéria prima não for utilizada ela permanece no estoque, mas a mão de obra não; **mão de obra contratada** (empregado ou terceiro) e **não usada** é **custo perdido**.

A literatura sobre apuração e análise custos, ou de contabilidade de custos, é bem rica em técnicas e conceitos. À medida que o negócio for ganhando volume, maior será a necessidade de novos conceitos. Mas para as pequenas empresas os conceitos acima são mais do que suficientes.

RELAÇÃO CUSTO x BENEFÍCIO DA INFORMAÇÃO

Como comentei acima, as técnicas de apuração de custos atualmente utilizadas nasceram na indústria e foram posteriormente adaptados para outras atividades da economia; primeiro para empresas de comércio e posteriormente para as empresas prestadoras de serviços. Os incríveis aumentos de produtividade da indústria das últimas décadas abriram espaço para novas atividades de serviços, principalmente na área de informática e telecomunicações. Mas esses aumentos de produtividade só foram possíveis devido ao foco no controle de custos, incluindo os estudos de tempos e métodos.

Lembro-me que em meados dos anos (19)70 as empresas controlavam a utilização de cópias nas máquinas Xerox, fazendo o cálculo do custo de cada cópia e alocando o custo por cada setor da empresa, em função do consumo de cópias por cada um dos setores. Com o tempo as empresas foram percebendo que esse controle era muito caro, ou seja, **que o custo** de obtenção **da informação** do consumo **não valia o benefício** de alocar os custos decorrentes em cada setor da empresa. De modo similar pequenas empresas precisam avaliar que informação de custos do seu negócio vale a pena ser apurado, e o que não vale. De uma forma geral entendo que empresas industriais precisam de mais informações do que as demais. Mas isto precisa ser avaliado caso a caso, pois quanto menor o negócio, menos recursos poderão ser alocados em cálculos de custos mensais. Mas, se for questão de sobrevivência, o próprio empresário terá que fazer as apurações necessárias de custos, uma vez por mês, ou ao menos de vez em quando.

EMPRESAS INDUSTRIAIS

A clássica apuração de custos ocorre na indústria, onde todos os tipos de custos conceituados anteriormente estão presentes. Quem consegue apurar e analisar custos de uma indústria, consegue fazer o mesmo com qualquer outro tipo de negócio.

Como sabemos, a maioria das pequenas indústrias não faz apuração e análise de custos. Quando a empresa for lucrativa é possível sobreviver sem essas informações; caso contrário, alguma providencia precisa ser tomada. Infelizmente algumas empresas se contentam com uma rentabilidade baixa que as mantem operando, ao invés de investir na gestão para otimizar o lucro; e o lucro sempre pode ser melhor.

Vamos então apresentar os procedimentos sugeridos para medir e avaliar o custo de produtos vendidos para pequenas indústrias, observando o princípio da **relação custo x benefício da informação**; quanto mais detalhes quisermos, mais cara é a obtenção das informações, e quanto pior o cenário, mais informações serão necessárias.

Dentro do cenário que traçamos para este livro, o empresário precisa de alguns relatórios financeiros, dentre eles a Demonstração dos Resultados do Exercício (**DRE**). Na DRE é possível encontrar o valor do **Custo dos Produtos Vendidos** para o período que estiver sendo analisado (mês, trimestre, ano, etc.). Este é o **primeiro procedimento**; de acordo com o que foi apresentado até agora, um teórico exemplo teria o seguinte formato:

- Faturamento Bruto 112
- Impostos 12
- Faturamento Líquido 100

- Custo dos Produtos Vendidos   49
- Lucro Bruto   51

Com esses dados em mãos e as referências abaixo, é possível tirar as **primeiras conclusões** sobre a situação do negócio:

- Em condições normais o lucro bruto equivalente a 51% do faturamento líquido, demonstra que o negócio é saudável. Na verdade, está acima da média;

- A maioria das pequenas industrias opera entre 30 e 50% de Lucro Bruto;

- Assim, tendem a ser deficitários e operar com prejuízo negócios cujo Lucro Bruto fica abaixo de 30%;

Embora as referências acima sejam genéricas elas se aplicam às indústrias de uma forma geral. Vão se configurar exceções às regras acima os negócios em que a comercialização, ou até a gestão forem mais relevantes do que os produtos em si; ainda assim, serão **raras exceções**.

A **primeira conclusão** importante que o empresário poderá tirar dos dados acima, é se o problema de falta ou baixa rentabilidade do negócio está ou não neste item. Se estiver neste item, o **segundo procedimento** sugerido para aprofundar a análise é decompor o valor do Custo dos Produtos Vendidos entre os seguintes itens:

- Material
- Mão de obra
- Gastos gerais de fabricação

Empresas industriais têm seu custo composto por material, mão de obra e gastos gerais de fabricação, sendo que normalmente o material é o custo mais relevante, em seguida vem a mão de obra e por fim os gastos gerais de fabricação; isto é valido para a indústria tradicional. As principais exceções são empresas com processos industriais mais artesanais e empresas que trabalham com matéria prima reciclada.

É **material** todo e qualquer produto adquirido para ser usado na produção do estabelecimento, incluindo os diretamente identificados no produto final, bem como os produtos consumidos no processo de fabricação. Por uma questão de simplificação, trata-se da soma de material direto mais o material indireto. Algumas empresas têm direito ao crédito de impostos, enquanto que outras não; **o empresário deve consultar o contador** para saber o tratamento que se aplica ao seu negócio. Se a empresa toma crédito significa, por exemplo, que uma matéria prima comprada por R$ 100,00, poderá representar um custo de R$ 82,00, se a empresa estiver habilitada a tomar o crédito de 18%

(ou a alíquota que for) de ICMS, isto vai significar que o custo efetivo do material é R$ 82,00, ao invés de R$ 100,00; e esse custo poderá ser menor ainda, se houver possibilidade de tomada de outros créditos, como IPI, PIS e COFINS.

É **mão de obra** a soma de salários, encargos sociais e benefícios de todos os trabalhadores do estabelecimento alocados na área industrial, não importando o regime de contratação. Como no item anterior, também por uma questão de simplificação trata-se da soma de mão de obra direta mais a mão de obra indireta; ou seja, toda mão de obra usada direta ou diretamente na produção.

São **gastos gerais** todas as demais despesas de produção, que não material e mão de obra. São exemplos dessas despesas: aluguel, IPTU, seguro, luz e força, serviços prestados por terceiros, depreciação de máquinas e equipamentos, manutenção predial e de equipamentos, etc.

Não há regras definidas para se analisar e interpretar os números do DRE; mas há algumas dicas que podem ajudar a começar o entendimento dos mesmos:

- Se o valor da mão de obra for maior do que o material, será preciso entender o motivo;

- Os gastos indiretos de fabricação devem ser o menor dos três gastos (material, mão de obra e gastos gerais de fabricação);

- Também é interessante fazer um histórico, ou seja, comparar o mês corrente com os meses anteriores;

- Idealmente o histórico de meses anteriores deveria ser composto pelos meses do ano corrente mais os meses do ano anterior;

- Se o valor do faturamento mensal oscilar bastante é recomendável comparar o percentual da relação entre cada valor e o Faturamento Líquido. Vejam que a relação entre o CPV e o Faturamento Líquido, no exemplo acima é de 49% (49/100);

- Ao fazer a comparação histórica da relação entre o CPV e o Faturamento Líquido (FL), a tendência é que esse percentual diminua à medida que o faturamento aumente; e aumente se o faturamento diminuir. Isto acontece em decorrência da produtividade dos custos fixos;

- O custo fixo unitário, e em decorrência o custo total unitário é alto quando a empresa opera muito abaixo de sua capacidade total. Ou seja, há recursos alocados à capacidade de produção, que custam e não geram valor;

- Outra análise interessante é comparar este número com concorrentes. Os sindicatos patronais costumam ser boas fontes para consulta;

Ninguém conhece o negócio como o próprio empresário. Ele tem mais condições do que qualquer profissional de finanças de ler os números dos custos e entender se há desperdícios ou baixa produtividade de alguns gastos. Então o **terceiro procedimento** é decompor os custos um pouco mais:

- Na conta **material**, se a empresa usar mais do que um tipo de material, seria interessante listar os principais, bem como os valores de cada um, até que o saldo dos "*outros*" represente 5% do total da conta. Exemplo:

Material A	9.000,00	33,3%
Material B	7.000,00	26.0%
Material C	6.000,00	22,2%
Material D	4.000,00	14,8%
Outros	1.000,00	3,7%
TOTAL	**27.000,00**	**100.0%**

- Na conta de **mão de obra** é pouco provável que o empresário descubra alguma coisa, olhando a composição detalhadamente. Ele certamente conhece todos os empregados e sabe o que cada um faz. Mas, se possível, é recomendável uma olhada em quanto custa a mão de obra por empregado e comparar com o que cada um faz; pode ser que o empresário descubra algo interessante.

- De modo similar ao material, é recomendável listar todas as contas e valores que compõem o total do grupo de **gastos gerais de fabricação**. Feita a lista, é recomendável uma olhada nos itens e valores para entender se há alguma surpresa ou novidade.

Para finalizar esta seção o **quarto procedimento** sugerido é decompor o faturamento bruto, impostos e as 3 linhas de custos entre os principais produtos, ou famílias de produtos da empresa. Os custos que não puderem ser alocados diretamente deverão ser rateados pelo melhor critério possível de ser identificado. Por exemplo, se os produtos são similares, a mão de obra e os gastos gerais de fabricação podem ser rateados proporcionalmente ao custo do material de cada produto. Com este procedimento teremos um formato de relatório como no exemplo abaixo:

	Produtos ou Família de Produtos				
	A	B	C	D	TOTAL
Faturamento Bruto	56.000	28.000	21.000	7.000	112.000
Impostos	6.000	3.000	2.250	750	12.000
Faturamento Líquido	**50.000**	**25.000**	**18.750**	**6.250**	**100.000**
Material	12.500	6.000	6.000	2.500	27.000
Mão de Obra	7.000	4.500	2.500	1.000	15.000
Gastos Indiretos	3.500	1.500	1.500	500	7.000
Custo dos Produtos Vendidos	23.000	12.000	10.000	4.000	49.000
Lucro Bruto	**27.000**	**13.000**	**8.750**	**2.250**	**51.000**
Lucro Bruto/ Faturamento Líquido	54,0%	52,0%	46,7%	36,0%	51,0%

Este tipo de análise é a preferida dos financeiros e especialistas de médias e grandes empresas, pois ela permite medir os resultados nos formatos que melhor representam a empresa, que pode ser por produto, filiais, áreas geográficas, canais de distribuição, etc. E se o analista entender necessário, ele poderá fazer outras análises nos formatos que achar interessante.

Especificamente em relação ao relatório acima é possível tirar importantes conclusões para auxiliar na melhoria da rentabilidade do negócio como um todo:

- Qual a rentabilidade de cada produto?
- É possível aumentar as vendas do produto mais rentável?
- Porque um produto consome mais mão de obra do que outro?
- Etc.

Uma conclusão interessante e importante é que descontinuar o produto menos rentável fará com que o lucro total seja menor, e não maior. Do ponto de vista de custos só se justifica a descontinuidade de produtos com margem de contribuição (faturamento líquido menos custos variáveis) negativa. No caso acima a descontinuidade só se justifica se simultaneamente a empresa conseguir aumentar o faturamento de outro produto mais rentável, que mantivesse o faturamento total. A explicação é que quando a empresa descontinua um produto, ele reduz a margem de contribuição total, que é o valor paga os custos fixos e gera o lucro. Como os custos fixos permanecem iguais, conceitualmente a descontinuidade reduz o lucro, ou gera prejuízo. Claro que a empresa poderia rever a estrutura dos custos fixos para a proceder a descontinuidade sugerida; mas qualquer conclusão somente seria possível depois dessa revisão.

Do ponto de vida jurídico-tributário **padarias** e **restaurantes** são empresas comerciais. Mas do ponto de vista deste livro vamos tratá-los como **indústria**, porque uma cozinha tem muito mais semelhança com uma indústria do que com uma loja. E os bares que servem comida, também são assemelhados a restaurantes. Então os conceitos que aqui demonstramos para a indústria também se aplicam a esses estabelecimentos.

Não é demais enfatizar que este capítulo é apenas uma ideia geral de possíveis formas de buscar a melhoria da rentabilidade do negócio. Além da análise dos itens financeiros, também há alguns aspectos não visíveis na análise pura dos números. Então o que temos aqui **é apenas o passo inicial para a grande jornada da apuração e analise de custos** que vão provocar as ações que efetivamente vão melhorar a rentabilidade do negócio, eliminando prejuízos e gerando lucros.

EMPRESAS COMERCIAIS

O cálculo de custo dos produtos vendidos em empresas comerciais é bem mais simples. Como o conceito de empresas comerciais é revender aquilo que compra, então o custo dos produtos vendidos é somente o custo do material; conceitualmente esse custo se denomina **Custo das Mercadorias Vendidas**. Ou seja, não há nenhum custo de mão de obra, nem gastos gerais.

Certamente que é mais fácil controlar um custo do que vários. Como sabemos muitos empresários fazem preço de venda a partir do uso de um mark-up sobre o custo da mercadoria, como, por exemplo, multiplicar o preço da mercadoria por 2. Mas, como mencionamos anteriormente, custo não é referência para preço. O cliente não quer saber quanto custou para o fornecedor o produto que ele está comprando; o cliente vai avaliar se a solução que ele está comprando vale mais do que o preço que ele está pagando.

Todo mundo que vive do que compra, **precisa saber comprar**. Quem vende, investe em técnicas de vendas; então se quem compra não está preparado para a negociação, certamente vai comprar mal e perder dinheiro. Isto vale para a loja de carros usados, como também vale para a sacoleira que vem comprar roupas no Brás. **Se comprar mal vai ganhar menos**, ou até ter prejuízo. Grandes empresas investem em estruturas profissionais para comprar bem; **pequenas empresas também precisam de alguém habilitado para a função**.

Todo negociante de ativos, seja que ativo for, sabe que vai ter lucro se comprar bem, porque a venda é à preço de mercado!

EMPRESAS PRESTADORAS DE SERVIÇOS

Diferentemente das empresas industriais e comerciais, as empresas prestadoras de serviços podem ter os mais variados perfis de custos; nem sempre o custo mais relevante é a mão de obra, como normalmente se espera. Muitos serviços são feitos com equipamentos sofisticados e, eventualmente, até consumindo material. Uma pequena escola de idioma, por exemplo, certamente tem como maior custo a mão de obra; eventualmente vai ter algum gasto com algum método ou conteúdo pedagógico. Já um hospital ou laboratório de pequeno porte usa muita mão de obra, mas também consome material e demanda grandes investimentos em equipamentos; ou seja, tem uma estrutura de custos mais compatível com uma indústria do que uma empresa clássica de serviços, como um *Call Center* ou um Escritório de Contabilidade.

Em resumo as empresas de serviços podem ter as seguintes características:

- Principalmente mão de obra. É o caso das tradicionais empresas prestadoras de serviços;
- Mão de obra e gastos gerais (principalmente despesas de depreciação de equipamento). É o caso dos serviços apoiados em alta tecnologia.
- Material, mão de obra e gastos gerais. Embora prestadora de serviços, são empresas com aparência de indústria em relação aos custos, exceto que o valor do material não é tão relevante quanto na indústria.

Mesmo considerando que os formatos possam ser diferentes, os objetivos de conhecer, controlar e otimizar os custos são os mesmos, tanto na prestação de serviços quanto na indústria e no comércio.

RESUMO

A gestão de custos de produtos e serviços vendidos é importante porque é o custo mais relevante que a empresa incorre. Como o mercado faz o preço então a boa gestão dos custos é que viabiliza o lucro. Nesse sentido conhecer os principais conceitos teóricos de custos é importante para ajudar a entender o tema. Cada negócio tem suas particularidades, que os faz diferente dos demais; e somente o próprio empresário conhece bem o seu negócio. Em decorrência a melhor análise de custos de uma empresa será feita pelo próprio empresário.

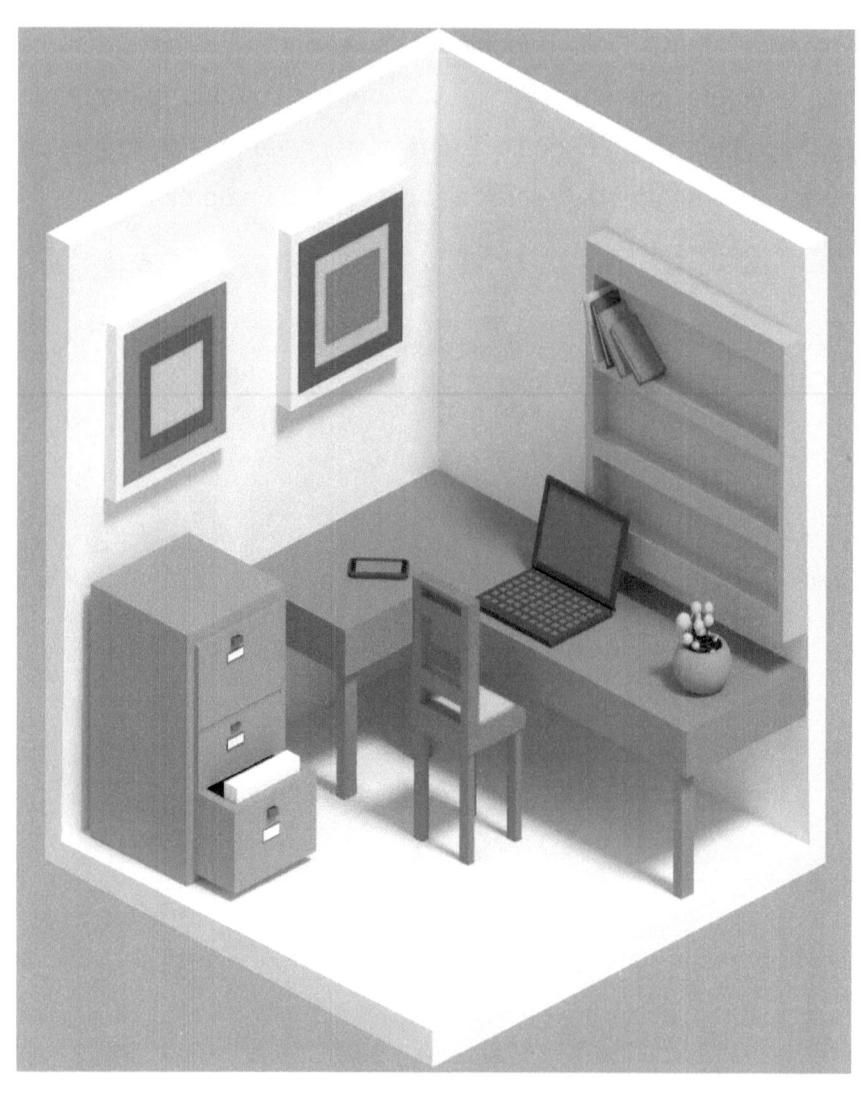

7. SEXTO PASSO: A ESTRUTURA OPERACIONAL

A vida é mais fácil do que se pensa; basta aceitar o impossível, arranjar-se sem o indispensável e suportar o intolerável.

Kathleen Harris

Inicialmente é preciso esclarecer o que é a estrutura operacional de um negócio, que é o **sexto passo** para fazer seu negócio dar lucro; em termos simples são os gastos fixos do negócio, incluindo o custo dos investimentos que o negócio precisa para funcionar. Ou seja, são os **gastos** com as atividades de gestão do negócio, mais o custo dos **investimentos totais**. São atividades de gestão do negócio:

- Comercial;
- Marketing;
- Administração & Finanças;
- Recursos Humanos; e
- Etc.

O total das despesas acima também pode ser demonstrado por tipo de despesa, ou seja, pelas despesas típicas de uma empresa:

- Salários, encargos e benefícios;
- Aluguel
- Material de escritório;

- Despesas de viagem;
- Serviços prestados por terceiros;
- Depreciação; e
- etc.

INVESTIMENTOS

Investimentos, como tratados neste livro, são as aquisições de bens de capital, ou seja, o popular **ativo fixo**. Praticamente todo tipo de empresa, industrial, comercial ou prestadora de serviços precisa investir em um bem, ou em um conjunto de bens, para poder viabilizar a atividade a que se propõe desenvolver. Os principais tipos de ativo fixo em que as empresas investem são:

- Máquinas e equipamentos;
- Móveis e utensílios;
- Equipamentos de informática;
- Veículos;
- Terrenos e edifícios;
- Benfeitorias em bens de terceiros; etc.

Diferentemente dos valores gastos em custos e despesas, o valor dos investimentos não é imediatamente considerado no cálculo de lucros e perdas das empresas. Isto acontece porque estes bens são utilizados pelas empresas por um longo período. Em decorrência a técnica contábil – e a legislação do imposto de renda – recomenda que os valores desses investimentos sejam divididos pelo tempo de duração dos mesmos, e o valor resultante seja considerado mensalmente como custo no cálculo de lucro ou prejuízo do mês; este valor resultante (investimento dividido pelo número de meses de duração do bem) é denominado de **depreciação**.

Quando a apuração de lucros e perdas for no regime de Lucro Real, a empresa precisa seguir o entendimento da Receita Federal quanto ao prazo em que os bens devem ser depreciados. Em relação aos grupos acima os prazos são os seguintes:

- Máquinas e equipamentos   10 anos
- Móveis e utensílios   10 anos
- Equipamentos de informática   5 anos
- Veículos   5 anos
- Edificações   25 anos
- Benfeitorias em bens de terceiros   ver abaixo

Complementando a tabela é importante saber que o valor do terreno não é depreciado; apenas o valor da construção é depreciado, em 25 anos. Para melhor entendimento da tabela acima, se a empresa adquirir um automóvel, no valor de R$ 60.000,00, este valor será depreciado à razão de R$ 1.000,00 por mês (60.000,00/60 meses). E quando uma empresa aluga um imóvel e faz uma reforma ou adaptação, este valor é considerado uma benfeitoria em bem de terceiro, e como tal deve ser depreciado pelo **tempo de duração do contrato de aluguel**; ou seja, se uma empresa gasta R$ 6.000,00 em uma reforma, por exemplo, e firma um contrato de 5 anos, o valor da reforma será amortizado à razão de R$ 100,00 por mês (6.000,00/60).

Os prazos de depreciação da Receita Federal **só precisam ser utilizados pelas empresas enquadradas no regime de Lucro Real e para fins de apuração** do Imposto de Renda e Contribuição Social devidos. Quando um empresário está analisando os resultados de seu negócio, ele pode avaliar separadamente o tempo que entende que os investimentos vão funcionar adequadamente; pelo menos os itens mais relevantes, em termos de valor. Numa avaliação gerencial (ou seja, não oficial) o empresário pode estimar o tempo que pretende ficar com o bem, bem como o valor estimado de venda futuro do bem adquirido. No caso do veículo acima, ele pode estimar, por exemplo, que vai ficar 3 anos com o veículo, e que após esse período, o veículo será vendido por R$ 33.000,00:

- Valor de aquisição   R$ 60.000,00
- Valor da venda futura   R$ 33.000,00
- Investimento Líquido   R$ 27.000,00
- Prazo de depreciação   36 meses
- Valor da depreciação mensal R$ 750,00

Ou seja, ao efetuar uma avaliação mais realista o empresário concluiu que o veículo vai ter um custo mensal de R$ 750,00, ao invés de R$ 1.000,00. Claro que os investimentos têm também um custo financeiro, principalmente se for financiado; mas isto será tratado no próximo capítulo.

FORMATOS DE DRE

Este livro conta com um capítulo específico sobre a elaboração do Demonstração de Resultados do Exercício, a DRE, que é o **Apêndice B**. Para melhor entendimento deste capítulo lembro que a DRE pode ser elaborado em vários formatos, sendo que o Modelo A abaixo é o mais comum. O modelo B é utilizado nas situações em que o empresário precisa conhecer separadamente custos fixos e custos variáveis, que é o caso deste capítulo.

MODELO A	
Faturamento Bruto	1.300
Impostos	300
Faturamento Líquido	1.000
Custo dos Produtos Vendidos	510
Lucro Bruto	490
Despesas Comerciais	150
Despesas de Adm & Finanças	90
Depreciação	30
Lucro Operacional	220
Desp/Rec. Financeiras	20
Lucro antes do Imposto de Renda	200
Imposto de Renda/Cont. Social	60
Lucro Líquido	140

MODELO B	
Faturamento Bruto	1.300
Impostos	300
Faturamento Líquido	1.000
Custos Variáveis	460
Margem de contribuição	540
Despesas Industriais Fixas	100
Despesas Comerciais Fixas	130
Despesas de Adm & Finanças Fixas	90
Lucro Operacional	220
Desp/Rec. Financeiras	20
Lucro antes do Imposto de Renda	200
Imposto de Renda/Cont. Social	60
Lucro Líquido	140

As diferenças entre os dois formatos acima são as seguintes:

a) Custo dos produtos vendidos são todos os custos de produção, fixos e variáveis;

b) Custos variáveis são os custos variáveis de produção, mais os custos variáveis de comercialização, como comissão de vendas e fretes de entrega. Neste livro tratamos a mão de obra da produção como custo fixo;

c) Despesas comerciais no Modelo A são todas as despesas comerciais, fixas e variáveis;

d) As despesas comerciais do modelo B são apenas as despesas fixas, pois as despesas comerciais variáveis estão acima, na linha de Custos Variáveis;

e) A despesa de depreciação no modelo A se refere apenas a depreciação de ativo fixo das áreas comerciais e de administração e finanças.

f) As despesas de depreciação das áreas industriais estão no Custo dos produtos vendidos no Modelo A, e nas despesas industriais fixas do Modelo B.

MARGEM DE CONTRIBUIÇÃO X CUSTOS FIXOS

Quando um empresário decide iniciar um negócio, como uma pequena fábrica, uma loja ou uma escola, ele normalmente começa, sem nenhum planejamento financeiro. Ou seja, o empresário compra ou aluga um espaço, quase sempre reforma, compra os equipamentos necessários e contrata uma estrutura mínima de pessoas para iniciar a atividade. Estes são os custos fixos do negócio. Considerando os **passos anteriores** a esta altura é preciso juntar os pontos, ou seja, considerar o cenário por inteiro pois **há uma relação entre todos os passos anteriores e o deste capítulo**.

Em função da relação existente entre os custos fixos e o volume de negócios da empresa acontece que as vezes a empresa precisa de uma estrutura maior para atender o volume corrente dos negócios; nesta situação a estrutura precisa ser aumentada, e por consequência os custos aumentam. Em outras situações a margem de contribuição é insuficiente para pagar os custos fixos, no formato em que estão. No primeiro caso uma reengenharia dos processos, objetivando ganhos de produtividade, pode aumentar a rentabilidade do negócio por evitar o aumento de custos; o mesmo procedimento no segundo caso pode garantir a sobrevivência do negócio, por reduzir os custos fixos e aumentar a margem de contribuição.

O fato é que em termos de rentabilidade, o volume de faturamento da empresa precisa ser de um valor tal que **o valor da Margem de Contribuição seja maior que os custos fixos do negócio**; ajustar esta relação é um dos segredos de fazer o negócio dar lucro.

A REMUNERAÇÃO DO EMPRESÁRIO

Um custo difícil de ser avaliado é a remuneração do próprio empresário. Em uma indústria ou comercio a remuneração do trabalho do empresário é um custo fixo em praticamente todas as situações. Na verdade, a remuneração do empresário é um custo fixo em qualquer situação, na medida em que, para fins dos conceitos que aqui defendemos, toda mão de obra é custo fixo; mesmo quando o empresário é um prestador de serviços, em que ele pessoalmente executa os serviços da empresa, também é um custo fixo. Mas isto é apenas um conceito, e não costuma ser problema.

O que costuma ser problema é o valor da remuneração do empresário, e a forma com que a remuneração acontece; como dono da empresa o empresário decide quanto e como fazer as retiradas. Em decorrência o empresário costuma fazer as retiradas em função do que ele pessoalmente precisa, e não em função do que o negócio consegue remunerar. Na situação extrema o empresário paga com dinheiro da empresa todos os gastos pessoais dele e da família. Ao fazer isto ele prejudica as finanças da empresa e dificulta as medições de custos e os controles financeiros, como o fluxo de caixa.

Se o trabalho que um empresário faz em uma empresa vale R$ 3.000,00, e ele quer uma retirada de R$ 10.000,00, por exemplo, a forma correta é retirar R$ 3.000,00 como remuneração pelo trabalho, e os R$ 7.000,00 como distribuição de lucro da empresa. Ao fazer isto, o valor de R$ 3.000,00 vai compor o custo fixo da empresa, e todas medições e cálculos serão feitos considerando este valor. Mas para fazer retiradas acima deste valor (R$ 3.000,00) a empresa precisa ter lucro, ou seja, o empresário precisa fazer a empresa dar lucro; esta é a missão dele.

Infelizmente a maioria dos empresários não sabe qual é o valor do lucro da empresa e faz as retiradas no valor que precisar fazer. Quando estas retiradas são acima do que a rentabilidade do negócio permite a empresa incorre em endividamento financeiro e fiscal. Como sabemos, a maioria dos empresários deixa de pagar, ou paga parcialmente os impostos, quando começa a faltar dinheiro. E não é raro acontecer, que **o único motivo pelo qual a empresa está endividada é o excesso de retirada do empresário.**

PONTO DE EQUILÍBRIO

Já citei o tema anteriormente; mas, como é um conceito muito importante para o capítulo vou comentar novamente. Ponto de equilíbrio, conceitualmente, é o volume de faturamento que o negócio precisa gerar para que o resultado do período seja igual a zero; ou seja, nem lucro, nem prejuízo. Em outras palavras este ponto é a linha divisória entre lucro e prejuízo; significa então que se o negócio faturar acima deste ponto vai ter lucro, bem como se faturar abaixo deste ponto vai ter prejuízo. Este conceito é fundamental para uma indústria, mas útil e importante para qualquer negócio que precise de uma estrutura operacional de valor relevante para poder funcionar.

A RELAÇÃO CUSTO X VOLUME X LUCRO

Da mesma forma que é possível calcular o ponto de equilíbrio de um negócio, também é possível calcular o lucro a ser obtido a partir da definição de um determinado cenário, ou o faturamento necessário para que se obtenha um lucro previamente definido. Esta técnica é conhecida como a Análise ou Relação entre Custo, Volume e Lucro. Esta técnica parte do conceito de que há uma relação entre os custos fixos de uma empresa, o volume de atividade e o lucro (ou prejuízo) incorrido em decorrência desse volume e custo.

Para melhor entendimento deste conceito vamos utilizar como exemplo, o DRE acima, no Modelo B, reproduzido a seguir:

MODELO B	
Faturamento Bruto	1.300
Impostos	300
Faturamento Líquido	1.000
Custos Variáveis	460
Margem de contribuição	540
Despesas Industriais Fixas	100
Despesas Comerciais Fixas	130
Despesas de Adm & Finanças Fixas	90
Lucro Operacional	220
Desp/Rec. Financeiras	20
Lucro antes do Imposto de Renda	200
Imposto de Renda/Cont. Social	60
Lucro Líquido	140

Os dados necessários para análise em pauta são:

- Custo Fixo
- Volume (quantidade física)
- Margem de Contribuição unitária

O cálculo do Custo Fixo é o seguinte:

- Despesas Industriais   100,00
- Despesas Comerciais   130,00
- Despesas de Adm & Finanças   90,00
- Despesas Financeiras   20,00
  TOTAL   **340,00**

Vamos assumir que o Faturamento Bruto de R$ 1300,00 seja relativo a **100 unidades** (quantidade física) a R$ 13,00 cada. Em decorrência, a margem de contribuição unitária é de R$ 5,40 (540/100). A partir destes dados podemos fazer algumas simulações (o valor das quantidades está arredondado):

a) Qual é a quantidade de **ponto de equilíbrio** desta empresa?

Ponto de Equilíbrio = Custo Fixo / Margem de Contribuição Unitária

Ponto de Equilíbrio = 340,00/5,40 = 63 unidades

b) Se a empresa quiser um Lucro Antes do Imposto de Renda de R$ 300,00, quantas unidades (Volume) deverá faturar?

Lucro Antes do Imposto de Renda = Volume x 5,40 – 340,00
300,00 = Volume x 5,40 – 340
Volume = (300,00 + 340,00) /5,40
Volume = 119 unidades

c) Se a empresa produzir 150 unidades, qual será o Lucro Antes do Imposto de Renda (LAIR)?
Lucro Antes do Imposto de Renda = Volume x 5,40 – 340,00

LAIR = 150 X 5,40 – 340
LAIR = 470,00

Nas situações em que a empresa tiver mais de um produto, os cálculos serão feitos considerando a **Margem de Contribuição Total**, ao invés da unitária. Isto é necessário porque a Margem de Contribuição Total pode ser obtida com mais de uma combinação de volume de produtos diferentes; na verdade quanto mais produtos a empresa tiver, mais combinações serão possíveis. Para melhor entendimento vamos supor que no **exemplo acima** o faturamento tem a seguinte composição, para 100 unidades do Produto A e 100 unidades do Produto B:

MODELO B	Produto A	Produto B	TOTAL
Faturamento Bruto	800	500	1.300
Impostos	185	115	300
Faturamento Líquido	615	385	1.000
Custos Variáveis	283	177	460
Margem de contribuição	**332**	**208**	**540**

Esta é apenas uma das composições possíveis. Aumentando a produção de um dos produtos e reduzindo a do outro, inúmeras combinações são possíveis. Mesmo com mais produtos, com margens de contribuição proporcionalmente iguais ou diferentes, a solução é sempre a mesma, ou seja, montar um pacote de produtos em função da Margem de Contribuição Total objetivada.

RESUMO

Os gastos com a estrutura operacional da empresa são os gastos fixos do negócio mais o custo dos investimentos totais (ativo fixo) que o negócio precisa para funcionar. O que é importante na gestão desses gastos é que há uma relação direta entre o volume de negócios que empresa gera e o tamanho da estrutura, e por decorrência os custos, para administrar estes negócios. Se a estrutura for muito pesada, ou seja, muito cara, é preciso rever esses gastos para adequar à realidade da empresa, impedindo que ela tenha prejuízo, ou aumentar o volume de negócios aumentando o valor da margem de contribuição, se a estrutura existente comportar este aumento. **Administrar a relação entre o volume do custo fixo total e o valor da margem de contribuição é o maior desafio do empresário para fazer com que o negócio dê lucro.**

8. SÉTIMO PASSO: FONTES DE FINANCIAMENTO

Sucesso é caminhar de fracasso em fracasso sem perder o entusiasmo.

Winston Churchill

Todos os ativos alocados em um negócio são financiados por recursos do próprio empresário, ou por recursos de terceiros, bem como **todas** as fontes de financiamento tem um custo, embutido ou explícito. Então a boa gestão destas fontes é um fator importante para a lucratividade de um negócio e é do que trata o **sétimo e último passo** para fazer seu negócio dar lucro.

O **capital próprio** é aquele que os sócios colocam no negócio para que o mesmo possa funcionar. O **capital de terceiros** são os empréstimos e financiamentos, bem como o capital de giro dado por terceiros, como nas compras a prazo e os adiantamentos recebidos de clientes. Somente quando o capital próprio, junto com o capital de giro oriundo de terceiros, é insuficiente para girar o negócio é que a empresa busca por empréstimos e financiamentos. E o resumo das decisões tomadas pelo empresário quanto às finanças de seu negócio aparece na linha de *Despesas/Receitas Financeiras* da Demonstração de Resultados do Exercício, ou seja, da DRE.

O custo financeiro dos recursos do próprio empresário não aparece na DRE da empresa, mas tem efeito no bolso do empresário. Quando um empresário investe R$ 1 milhão, por exemplo, em um negócio ele deixa de ter uma rentabilidade mínima equivalente a uma SELIC aproximadamente, que é de 6,5% em junho de 2019, menos 15% de imposto de renda; praticamente sem risco. Para ter esta rentabilidade basta que o empresário tome um café com o gerente do banco de vez em quando, sem os riscos de investir e administrar um negócio. Então para este empresário o lucro que realmente importa, no negócio em que aportou R$ 1milhão, é o que exceder R$ 55.250,00 (1 milhão x 0,65 x 0,85), pois abaixo disto ele está perdendo dinheiro. É o que o mercado chama de **custo de oportunidade** do dinheiro.

Como já mencionei toda fonte de financiamento tem um custo, mesmo que os custos não estejam explicitamente demonstrados. O valor do imposto é aquele devido na data de vencimento, pois se houver atraso haverá acréscimo; o mesmo vale para a duplicata do fornecedor ou para a prestação do financiamento bancário.

Vários fatores determinam o estágio em que uma empresa se encontra em relação à composição de capital que financiam suas atividades. Em decorrência é necessário acompanhar o custo desta composição em relação ao faturamento líquido, para entender a relevância deste custo, bem como o nível de preocupação que tal custo traz. Objetivando dar uma referência a esta análise apresento a seguir três cenários com a implicação de cada um. Como toda referência, trata-se de resultados que se aplicam à maioria dos negócios:

a) **VERDE.** Podemos dizer que a situação é **aceitável** quando o custo financeiro representa até 3% do faturamento líquido da empresa. Isto significa que a empresa está abrindo mão de até 3% do lucro, tomando empréstimos para operar, e quase que certamente tomando dinheiro nas fontes apropriadas para a situação. É possível ficar nesta faixa financiando investimentos e o capital de giro necessário para viabilizar o respectivo faturamento. Principalmente se o cenário for tomar empréstimos e/ou financiamentos para operar a empresa, ou não faturar, por falta de dinheiro.

b) **AMARELO.** A situação começa a precisar da **atenção** do empresário quando o custo financeiro ficar na faixa de 3 a 6% do valor do faturamento líquido; quanto mais perto dos 6% mais preocupante. Quando uma empresa atinge esta situação, normalmente não tem mais capital próprio no negócio; ou seja, todo capital vem de terceiros, normalmente dos bancos. Enquanto uma empresa está com o cadastro em dia, as primeiras operações feitas com os bancos ocorrem com taxas menores. A situação começa a ficar mais difícil quando a empresa toma o limite no seu banco tradicional e precisa buscar outras fontes, que normalmente custam mais caro; ou seja, operam com taxas de juros mais elevadas. A composição de mais empréstimos, com empréstimos mais caros, resulta em um custo financeiro mais elevado.

c) **VERMELHO**. A situação financeira de um negócio começa a ficar **inaceitável** quando o custo financeiro passa a representar mais de 6% do faturamento líquido mensal da empresa; ou seja, o custo começa a ficar **insuportável para o negócio**. E, infelizmente, quando uma empresa passa dos 6% acima descrito a título de custo financeiro, quase que certamente está tendo um Lucro Operacional baixo. Ou seja, a mesma gestão que está falhando ao incorrer em um custo financeiro alto, também está incorrendo em outros problemas de gestão, do que no conjunto resulta em prejuízo. Este momento também **sinaliza ao empresário** de que alguma providencia precisa ser tomada para **reverter a situação**, antes que a mesma se torne irreversível.

Para melhor entendimento das implicações das despesas financeiras nos resultados as empresas, é importante entender **porque as empresas incorrem em endividamento**. E as principais razões são (i) fazer Investimentos, (ii) ter os recursos necessários ao capital de giro do negócio e, (iii) suportar prejuízos, se esta fase ocorrer.

Tomar financiamento para fazer **investimentos** é um endividamento **aceitável**. Quando as empresas precisam investir e não tem recursos para isto, elas financiam os investimentos através de linhas de crédito criadas especialmente para este fim. Mais à frente, neste capítulo, abordaremos mais sobre linhas de crédito. O que importa é que estas linhas de crédito custam até 1% ao mês, ou por volta disto, e são linhas operadas por bancos com recursos do **BNDES** ou agências de fomento. Adicionalmente é importante que o empresário faça um estudo ou cálculo do retorno financeiro do investimento que pretende fazer; simplificadamente este estudo deve comparar os benefícios que o investimento vai trazer, como o aumento do faturamento e da lucratividade, com os custos decorrentes deste mesmo investimento.

Tomar empréstimos para **capital de giro** é um endividamento **tolerável**, embora com algumas ressalvas. Para quem não sabe, capital de giro é exatamente o que parece, ou seja, o capital necessário para fazer o negócio funcionar. **Simplificadamente** em um pequeno comercio é igual a soma do valor de **Contas a Receber** mais **Estoques** menos o valor a pagar a **Fornecedores**. Em condições normais, o valor dos 2 primeiros é maior do que o ultimo; isto acontece porque pequenos empresários normalmente não têm *força* para vender à vista ou com prazo curto para receber nem para comprar com longo prazo de pagamento. Algumas poucas empresas ou negócios têm a habilidade ou a circunstância de gerar capital de giro positivo, através de situações em que compram a prazo e vendem a vista, e normalmente com bom giro de estoque; bom giro significa que as mercadorias adquiridas ficam pouco tempo em estoque.

Quando a empresa não tem os recursos necessários para financiar o capital de giro necessário, precisa tomar empréstimos. O problema é que estes empréstimos costumam vir de bancos comerciais, normalmente através de linhas de crédito de desconto de duplicatas e contas garantidas, que custam entre 3 e 7% (a maioria delas); é possível encontrar custos um pouco abaixo de 3%, mas também existem bancos e financeiras cobrando acima de 7%.

Tomar financiamento para **suportar prejuízo** é um endividamento **ruim,** pois é o pior tipo de empréstimo que uma empresa pode tomar. Quando uma **empresa está operando com prejuízo** ela **incorre ou aumenta o endividamento financeiro ou fiscal,** ou ambos; é o que chamamos de *crônica de uma morte anunciada*. Então quando a empresa começa a ter prejuízo o empresário precisa fazer uma avaliação da situação geral e descobrir qual é a solução para recolocar a empresa no caminho do lucro. Se não houver, por mais difícil que possa parecer, **é preciso avaliar o encerramento das atividades.**

Tanto um programa de recolocação da empresa nos trilhos do lucro, quanto o encerramento das atividades, requerem remédios amargos que demandam firmes decisões de implementação, e quanto mais tempo demorar pior fica, com piores implicações para a vida pessoal do empresário; infelizmente **muitos adiam a decisão na falsa esperança de que as coisas simplesmente vão voltar a ser o que eram antes**. Estatisticamente a probabilidade de uma empresa deficitária voltar a dar lucro é muito baixa; as exceções são as empresas que conseguem se **reinventar**.

Como demonstrado acima, complementado pelo detalhamento das fontes que podem financiar um negócio comentado logo adiante neste capítulo, há fontes apropriadas para cada tipo de desembolso. Embora alguns conceitos sejam exaustivamente comentados em artigos e eventos sobre finanças, infelizmente há erros nos quais muitos empresários incorrem de forma recorrente, como por exemplo financiar investimentos de longo prazo com linhas de créditos caras e de curto prazo, como cheque especial, conta garantida, cartão de crédito, etc. O interessante é que há empresários endividados no curto prazo mas que acham que não estão financiando investimentos desta forma porque fazem o pagamento à vista. Mas **quem está endividado no curto prazo não paga nada a vista; ou está aumentando o endividamento, ou deixando de reduzi-lo**. Infelizmente tomar recursos da fonte errada pode ser o começo do fim...

Certamente que as empresas deveriam ter receita financeira em função da boa gestão de seus negócios; mas somente empresas não endividadas e com reserva de caixa tem esta situação. Empresas não endividadas e com reserva de caixa, são empresas há tempos lucrativas, que não distribuíram lucro, ou que distribuíram apenas parte dos lucros. E, claro, também é preciso aceitar que empresários sem pretensão de investimento para crescimento e expansão das atividades, preferiram *"sacar o lucro"* ou seja, preferem promover a distribuição do lucro da empresa para a pessoa física; e na pessoa física fazer aplicações financeiras ou outros investimentos de seu interesse. Nesse cenário não há nada de errado em não ter receita financeira.

Como sabemos, um negócio *"quebra"* quando acaba o dinheiro e a empresa não consegue mais tomar dinheiro emprestado. Sem deixar de considerar as recomendações acima temos por fim que o instrumento necessário para gestão dos recursos financeiros das empresas, com o objetivo de não faltar dinheiro para o negócio é o **fluxo de caixa**; para saber mais sobre o assunto consulte o **Apêndice A** deste livro.

O mundo das alternativas de financiamento de um negócio é praticamente infinito. As fontes citadas são aquelas que existiam na época da redação deste livro, ou seja, junho de 2019; eventualmente alguma linha de crédito pode ser descontinuada, bem como bem como novas linhas podem ser criadas. Objetivando dar uma ideia geral deste universo vamos listar as fontes ou formas mais conhecidas no mercado.

COMEÇANDO DEVAGAR

A forma mais simples de entrar no mundo dos negócios no Brasil é se tornando um Microempreendedor Individual (**MEI**). O Governo do Estado de São Paulo tem um programa para financiamento das MEIs, em convenio com o SEBRAE. Para se habilitar ao programa o empresário deverá procurar o SEBRAE (http://supermei.sebraesp.com.br/) e participar do treinamento **Programa Super MEI SEBRAE-SP**. O SEBRAE ajuda o empresário a montar um Plano de Negócios, a partir do qual o empresário deverá procurar a agencia DESENVOLVE-SP (www.desenvolvesp.com.br) onde poderá obter um empréstimo de até R$ 20.000,00 para o negócio. Este valor poderá ser pago em até 36 meses, incluindo um prazo de carência, que pode ser de até 6 meses; a juros zero. O programa se chama **JURO ZERO EMPREENDEDOR** e passar pelo SEBRAE é a condição para se habilitar a esta linha de crédito.

BNDES MICROCRÉDITO – EMPREENDEDOR

Se ao invés de **MEI** o empresário estiver classificado como Microempresa **(ME)** o **BNDES** possui uma linha de crédito para Microempresas que faturam até R$ 360 mil por ano. O limite dessa linha é de R$ 20.000,00 e é uma linha de crédito operada pelos bancos em geral, como agentes do BNDES. A aprovação da operação depende do banco; nesse sentido a ME deverá procurar o banco de seu relacionamento. O prazo da operação também será negociado com o banco, que poderá cobrar uma TAC (taxa de abertura de crédito) de até 3% do valor da operação, bem como juros e encargos mensais de até 4% ao mês. Particularmente entendo que o BNDES tem linhas de crédito mais interessantes, como o FINAME, para financiar a compra de máquinas e equipamentos; todos os grandes bancos operam esta linha. Havendo interesse é sempre importante consultar o site do BNDES, pois as regras podem mudar: www.bndes.gov.br

CROWDFUNDING

Crowdfunding ou financiamento coletivo é uma modalidade de financiamento em que um grupo de pessoas (Crowd) financiam (funding) um projeto. A essência desta modalidade é alguém postar em um portal um projeto para ser financiado, informando o valor que busca, e o que dará em troca para quem participar da campanha. Por exemplo, alguém informa que precisa de R$ 20.000,00 para publicar um livro, e que dará um exemplar do mesmo a cada um que contribuir com R$ 50,00.

Particularmente acho esta modalidade muito interessante porque além de permitir ao empresário que levante os recursos que precisa, também divulga o projeto e faz uma pré-venda, o que permite que o empresário comece a operar sem ficar devendo nada a ninguém e nem precise dividir o sucesso com um sócio! Foi o que aconteceu com o arquiteto e pesquisador Marcos Sequeira de Oliveira que queria levantar R$ 50 mil em 45 dias para produzir até 150 protótipos de seu Projeto Mola (um artefato para ajudar no aprendizado de estudantes de arquitetura e engenharia civil). Conseguiu levantar R$ 600 mil através de 1583 contribuições, de 30 países diferentes; mudou a vida dele!

Para mais detalhes veja www.catarse.me ou www.kickante.com.br

ALTERNATIVAS DE EMPRÉSTIMOS E FINANCIAMENTOS

Empréstimos e financiamentos bancários são uma boa maneira de financiar novos investimentos para empresas lucrativas, com bom histórico de relacionamento com o banco e em fase de crescimento. Existem linhas de crédito muito interessantes, principalmente com recursos do **BNDES**, para estas situações; estas linhas devem ser procuradas junto aos bancos com os quais a empresa já trabalha. Mas, para empresário que ainda estão em outro estágio, como ainda avaliando um projeto ou começando a operar um negócio, há outras alternativas a serem consideradas, principalmente quando ainda não é possível acessar os bancos, como veremos a seguir.

Incubadoras, como o próprio nome sugere, é um ambiente propício ao nascimento de uma empresa a partir de um produto ou projeto; mas é fundamental que este produto, ou projeto, contenha inovação tecnológica. Nesse sentido o objetivo de uma incubadora é dar apoio tecnológico, comercial, jurídico e financeiro – incluindo financiamento – para que o projeto se transforme em uma empresa. Normalmente as incubadoras são ligadas a uma Universidade. O processo pode ser "*fechado*", que é quando a incubadora disponibiliza um espaço interno para ser ocupado pelo projeto, ou "*aberto*" quando a incubada recebe o mesmo tratamento sem ocupar um espaço físico na incubadora; e também pode ser um pouco de cada, que é denominado de "misto". No campus da USP em São Paulo há o CIETEC que é a gestora da incubadora **USP/IPEN – Cietec**. Nele há um espaço físico onde micros e pequenas empresas de base tecnológica se desenvolvem e trocam experiências. Para saber mais sobre esta incubadora visite www.cietec.org.br

Se o seu produto ou projeto não contém inovação tecnológica, mas tem potencial para crescer rapidamente, então uma **Aceleradora** pode te ajudar; e isto é a principal diferença entre Aceleradoras e Incubadoras. Outra diferença importante é que as **Incubadoras são financiadas por capital público** enquanto que as **Aceleradoras por capital privado**; isto também significa que as Incubadoras são mais exigentes nas formalidades que cercam o projeto, face ao rigor da verba pública. As aceleradoras, por outro lado, têm mais autonomia e podem apostar numa ideia que julgarem promissora. As Aceleradoras são entidades mais recentes. Por fim, a diferença mais relevante é que diferentemente das Incubadoras, as **Aceleradoras podem investir**, aportando recursos nos projetos, na forma de capital de risco, ou seja, **como sócia do novo**

projeto; sempre na forma de sócio minoritário. Isto é possível porque várias Aceleradoras são ligadas a empresas, que definem áreas de interesse para efetuar investimentos. São exemplos interessantes a **Wayra** (brasil@wayra.org) da Telefonica e a **Oxigênio** (oxigenioaceleradora.com.br) da Porto Seguro.

Corporate Ventures são as áreas de novos negócios das empresas, principalmente das grandes, **mas não somente as grandes**; vivemos uma época em que as empresas precisam se renovar constantemente para sobreviver às mudanças de mercado. Não muito raro encontramos empresas médias monitorando oportunidades no mercado através de áreas internas de Novos Negócios; às vezes apenas um profissional com perfil inovador desempenha esse papel na entidade. Isto significa que essas áreas tanto tentam desenvolver internamente novos negócios de interesse da empresa, como também monitoram externamente estas novas oportunidades. O que interessa a essas empresas não é um negócio qualquer, altamente lucrativo; o que interessa a essas empresas é agregar valor ao negócio delas através de um produto ou serviço que melhore a vantagem competitiva das mesmas.

Então quando o projeto de um empreendedor é um produto ou serviço no qual uma determinada empresa, média ou grande, possa ter interesse, esse empreendedor deve procurar pela empresa para expor o projeto e propor que a mesma possa ser seu sócio. Porque além de sócia ela será também cliente ou parceira em um volume de negócio bem maior do que o empreendedor estava originalmente planejando. Certamente será parceria lucrativa para ambos os lados!

Diferentemente do que o nome sugere, **Investidores Anjos** não fazem filantropia com recursos, salvando empreendedores desesperados; muito pelo contrário. Um Investidor Anjo é um investidor profissional, normalmente pessoa física, que procura **oportunidades que possam proporcionar alta rentabilidade**; para isto ele está disposto a correr alguns riscos. É chamado de Anjo porque atua no começo do projeto, quando o empreendedor conta com poucas alternativas de financiamento; o Investidor Anjo pode apostar na ideia, mesmo na fase embrionária do projeto. Normalmente é o primeiro investimento que um projeto recebe.

Em troca dos aportes o Investidor Anjo quer **o direito, mas não a obrigação, de ser sócio**; o contrato do relacionamento vai deixar isto claro. Além dos aportes o Anjo vai ajudar a otimizar o projeto, objetivando maximizar o retorno sobre os investimentos feitos; afinal de contas, ele é sócio. Para conhecer mais sobre esta alternativa consulte as organizações que promovem o encontro entre investidores e empreendedores, como a ANJOS DO BRASIL (www.anjosdobrasil.net) e a GÁVEA ANGELS (www.gaveaangels.org.br); esta última tem interesse maior no Rio de Janeiro.

São considerados **Capital Semente** (Seed Money) tanto os investimentos de Investidores Anjos como investimentos na forma de Capital recebido por empresas em início de atividade – **mas já em operação** – de Fundos de Investimentos. O foco desses Fundos de Investimentos são as **empresas de inovação**, com alta perspectiva de rentabilidade. Dentre os Fundos com atuação no Estado de São Paulo destacamos Monashees (contato@monashees.com.br) e Vox Capital (vox@voxcapital.com.br).

PARA NÃO DIZER QUE NÃO FALEI DAS FLORES

Quando se discute formas de financiamento de projetos e negócios surgem outras operações comentadas e discutidas no mercado, destinadas a financiamento das empresas. Mas a maioria delas **não se aplica** à micros e pequenas empresas, mas sim às médias e grandes. Como curiosidade vou citar as principais:

i) **Fundos de Investimentos** são entidades que captam dinheiro junto a interessados (cotistas) em aplicar no mercado financeiro. Os fundos possuem especialistas para otimizar as aplicações que são feitos em vários papeis (ativos financeiros), como ações, debêntures (papéis emitidos por Sociedades Anônimas para captar recursos no mercado), títulos da dívida pública e outros papéis mais sofisticados.

ii) **Mercado de Capitais** é o sistema que viabiliza a negociação de títulos emitidos pelas empresas (ações, opções, debentures, etc.) entre os investidores. É basicamente constituído pela Bolsa de Valores, corretoras e demais instituições financeiras do setor.

iii) **Agencias de Desenvolvimento** como o próprio nome diz são entidades de apoio ao Desenvolvimento de uma região ou setor de atividade econômica. Já citamos a **DESENVOLVE-SP** (Governo do Estado) que atua em todo Estado de São Paulo e o **BNDES** que também tem esse papel de desenvolvimento e atua em todo Brasil; já a **Agencia de Desenvolvimento do Grande ABC** (www.consorcioabc.sp.gov.br) é um consórcio intermunicipal municipal formado para o desenvolvimento dos sete municípios da região do grande ABC paulista. Na área de pesquisa e desenvolvimento o governo do estado tem a **FAPESP** (Fundação de Amparo à Pesquisa do Estado de São Paulo) (www.fapesp.br/) e o Governo Federal tem a **FINEP** (Empresa Brasileira de Inovação e Pesquisa) (www.finep.gov.br).

iv) **Subsídios e Subvenções** são recursos recebidos a fundo perdido; em bom português, é dinheiro de graça. Este tipo de recurso existe, mas é raro e concedido em situações bem específicas. Normalmente é dado a organizações sem fins lucrativos, por fundações, empresas, entidades governamentais e outros segundo normas preestabelecidas e com propósitos definidos; e normalmente se espera uma contrapartida da entidade beneficiada. Por Exemplo, A **Fundação Salvador Arena** financia programas sociais, principalmente na área de educação e saúde; os recursos são dados a associações assistenciais que disputam a verba disponibilizada nos termos dos editais publicados pela Fundação. Para saber mais veja www.fundacaosalvadorarena.org.br

EM TEMPO

O universo dos recursos para financiamento de projetos não se restringe ao que aqui apresentamos; muito pelo contrário. O objetivo foi dar uma ideia geral para que cada empreendedor entenda o tipo de recursos que ele precisa e quer. Em seguida a decisão importante é definir se esse recurso virá na forma de empréstimos e financiamentos, ou de um sócio ou parceiro. Sempre que possível recomendo a parceria, pois além de potencialmente aumentar o volume de negócios, parcerias não geram dívidas financeiras; e se junto com a parceria aportar um novo sócio no negócio, ele será minoritário. Depois é fazer foco e ir fundo!

POR ÚLTIMO, MAS NÃO MENOS IMPORTANTE

Empréstimos, financiamentos, capital de risco, recursos próprios e eventuais subvenções são formas de decolar um projeto; mas isto não garante a sobrevivência e a continuidade da empresa. Quanto melhor preparado o empresário estiver em relação às finanças da empresa, menos tempo vai precisar dedicar a esse tema; em decorrência terá mais tempo para cuidar do negócio em temas como produto, cliente, marketing, etc. Você consegue discutir financeiramente o seu negócio com um investidor ou com um banco? Você sabe se seu negócio está dando lucro? Sabe o que é, e como fazer um fluxo de caixa? Você separa seu dinheiro do de sua empresa? São assuntos que o empresário precisa conhecer se quiser buscar empréstimos e financiamentos no mercado financeiro, ou apenas administrar seu negócio.

RESUMO

A síntese do desempenho das empresas na área financeira está na linha de *Despesas/Receitas Financeiras* da Demonstração de Resultados do Exercício (DRE); quanto maior o gasto, menor a eficiência da empresa. E é importante saber que as empresas se endividam por 3 motivos, principalmente: fazer investimentos, viabilizar o capital de giro necessário às atividades e para suportar prejuízo. O primeiro motivo é aceitável, o segundo é tolerável com ressalvas e o terceiro é inaceitável, pois pode ser o começo do fim. O importante é utilizar a fonte certa para cada tipo de necessidade de recursos financeiros. Como cada fonte tem um custo é importante acompanhar este custo em relação ao faturamento líquido, para não inviabilizar a lucratividade do negócio.

9. SUGESTÕES DE REDUÇÃO DE CUSTOS

Há uma forma de fazer isso melhor; encontre-a!
Thomas Alva Edison

Trabalhei numa das maiores multinacionais do mundo, fortemente embasada no setor industrial. E uma das coisas inesquecíveis naquela empresa era a preocupação com **redução de custos**. A empresa mantinha um programa constante de recebimento de sugestões e recomendações para reduzir custos, tanto na área industrial quanto na administração da empresa. Como recompensa a empresa pagava prêmios em dinheiro e/ou convidava os participantes para jantares mensais em bons restaurantes, com o sorteio de prêmios, normalmente produtos da empresa. Participei de vários desses jantares...

Como mencionei ao longo do livro o objetivo de controle de custos é a otimização dos recursos com a finalidade de **reduzir custos**. No sentido de contribuir para com esta missão, apresento abaixo algumas sugestões para o que o empresário inicie, se já não o faz, um constante programa de redução de custos.

INDUSTRIA

A lista de procedimentos que podem gerar redução de custos em uma **indústria** é infinita. A lista abaixo é uma pálida ideia do universo de oportunidades:

- Faça manutenção preventiva de máquinas e equipamentos. É mais barato e não para a produção;
- Aproveite 100% da mão de obra disponível. Mão de obra não utilizada é custo perdido;
- Conheça e acompanhe os custos detalhadamente;
- Controle o estoque;
- Invista em qualidade;
- Avalie constantemente o custo de produção própria versus terceirização;
- Invista na economia de água e energia elétrica;
- Avalie 2º e/ou 3º turno antes de investir em máquinas e equipamentos para ampliar a fábrica ou a operação;
- Planeje e controle os tempos de setup e paradas de máquinas;
- Invista em produtividade;
- Incentive e pague prêmios por sugestões internas de redução de custos.
- Etc.

Pagar 10% da economia anual gerada por uma sugestão de redução de custos feita por um colaborador, é um bom negócio, não é? O empresário fica com 90% de uma ideia que não teve e estimula os demais membros da equipe a contribuir com o sucesso do negócio!

COMÉRCIO

O espaço para redução de custos no **comércio**, é menor do que na indústria. Mas é no estoque que estão as melhores oportunidades. Por isso:

- Controle o estoque; estoque parado custa tanto quanto dinheiro emprestado do banco.

- Se um produto ficar *"encalhado"* no estoque, faça uma liquidação ou promoção de vendas; antes um fim horroroso do que um horror sem fim!

- Monitore e acompanhe o mercado fornecedor, pois o mundo muda a uma velocidade cada vez maior. Não fazer isto é se arriscar a comprar errado e perder vendas;

- Mantenha uma política atualizada de comissionamento, para não perder vendas nem bons vendedores;

- Tenha um bom sistema de controle de estoques, mesmo que seja manual;

- Etc.

Em minha opinião comissão de vendas, bem calculada, é um dos melhores gastos que uma empresa incorre. Infelizmente já vi vários empresários, bem como gerentes e diretores comerciais de grandes empresas, preocupados – ou enciumados

- com o valor que alguns vendedores recebem. Ficar preocupado ou com ciúmes do sucesso dos vendedores é mesquinharia e não entendimento do papel do vendedor no sucesso da empresa.

PRESTAÇÃO DE SERVIÇOS

O custo mais comum nas empresas **prestadoras de serviços** é a mão de obra, embora nem sempre seja o custo mais relevante, como já tive a oportunidade de expor. Então dois tipos de custos precisam ser cuidadosamente administrados para melhor otimização da lucratividade deste tipo e negócio; trata-se da mão de obra e da despesa de depreciação.

Em relação à mão de obra os pequenos empresários, principalmente, precisam tomar os seguintes cuidados:

- Não contratar ninguém que não possa ser demitido, como amigos e parentes;

- Definir o perfil da mão de obra que quer contratar e se assessorar de um profissional para fazer a seleção;

- Se o próprio empresário for fazer a seleção, ele deve procurar por alguém que goste da atividade que precisa ser feita, além da experiência necessária;

- Cuidado com indicações de amigos. A tendência é que eles indiquem alguém de quem eles gostam, e não necessariamente alguém tecnicamente preparado para a função;

- Avalie a possibilidade de contratar estagiários e aprendizes. Se o empresário tiver tempo para ensinar, e o estagiário – ou aprendiz – tiver paixão pelo trabalho, será um excelente investimento para ambos.

- Lembrar-se que as pessoas não são boas ou ruins; cada uma tem um perfil, que pode ou não ser adequado para a atividade objetivada.

DESPESAS OPERACIONAIS

A primeira dica para se observar na redução de despesas operacionais é a relevância da despesa. Catar clips no escritório não é redução de custos; é perda de tempo. Não é possível economizar em tudo pois o tempo é finito. Quando um empresário não consegue economizar em tudo, alguns itens ficam de fora; eventualmente algum item relevante. Quando alguém fica monitorando as **formiguinhas,** normalmente **não vê os elefantes passarem**; ou seja, quando tudo é prioridade, nada é prioridade. O ideal é o empresário relacionar as despesas, da maior para a menor, e começar olhando as maiores; e ir olhando as demais à medida que o tempo permitir...

As despesas com **telefonia e internet** são dois custos fixos essenciais para a maioria dos negócios funcionar hoje em dia; apenas o comércio que opera somente com lojas físicas depende pouco de telefonia e internet. Por isso o empresário pode se perguntar se é possível gastar menos nessas opções. E a resposta é sim. Mas é preciso analisar as necessidades e qual a velocidade de internet necessária. Também é preciso avaliar as ligações, locais e interurbanas e pesquisar os planos que melhor se adequam às necessidades da empresa. O empresário não deve deixar de analisar as opções disponíveis em várias operadoras mas deve dar preferência a planos corporativos, pois são opções mais econômicas. É possível ainda utilizar a tecnologia a favor do negócio, optando por ligações através de aplicativos como WhatsApp, Skype ou Viber. Mas é preciso tomar cuidado para que essas alternativas não encareçam muito o custo da internet. É importante fazer as contas, comparar e escolher a opção mais vantajosa. Nas empresas em que estas despesas são relevantes, vale a pena uma revisão anual deste processo.

As despesas com **água** normalmente são relevantes para algumas indústrias, e algumas prestadoras de serviços. Então nas situações em que o custo da água é relevante para a empresa, vale a pena conhecer as principais dicas de economia e/ou otimização do uso da água:

i) Tenha um sistema de captação e tratamento de água da chuva, para finalidades outras que não alimento e saúde;

ii) Promova o tratamento de efluentes e a reutilização da água em conformidade com a legislação vigente. A legislação de meio ambiente impõe isto, mas a maior parte das empresas não obedece. Por isto ainda temos rios poluídos;

iii) Acompanhe os custos das fontes alternativas, para épocas de crises hídricas, como tivemos recentemente. E compare com os custos das empresas oficiais de saneamento;

iv) Faça manutenção dos sistemas hidráulicos da fábrica ou de sua área operacional;

v) Monitore processos industriais que tenham alto consumo de água, e veja se não há outras soluções tecnologicamente mais baratas; e

vi) Acompanhe a evolução tecnológica, como a lavagem a seco e a dessalinização, nas situações em que forem pertinentes.

Médias e grandes empresas também têm se preocupado com o consumo de água de chuveiros, pias e descargas dos banheiros. Mas não creio que isto ajude micros e pequenas empresas; entendo que basta um acompanhamento visual da situação.

As despesas com **energia elétrica** normalmente são mais relevantes do que as água. Mesmo pequenos escritórios devem se preocupar com esta despesa, ao menos uma vez por ano. Assim como nas fábricas, os escritórios precisam se preocupar com a manutenção preventiva de máquinas e equipamentos de escritórios, principalmente o ar condicionado. Como sabemos, negligenciar neste item é expor a empresa a acidentes graves, além dos custos envolvidos. Outra providencia interessante é a contratação de um projeto de iluminação objetivando a pintura dos ambientes nas cores mais indicadas, o aproveitamento da luz natural, o layout interno mais indicado e a utilização das lâmpadas mais econômicas e confortáveis para o ambiente de trabalho. Adicionalmente os seguintes procedimentos também podem contribuir com a redução desta despesa:

i) Aparelhos ligados em standby também consomem energia elétrica. Devemos evitar;

ii) Avaliar a instalação de um projeto de aproveitamento de energia solar. A tecnologia está evoluindo. O ideal é entender em quanto tempo retorna um investimento neste tipo de equipamento e entender a conveniência do investimento na atual situação da empresa;

iii) Desligar luzes e aparelhos no final do expediente;

iv) Evitar consumo de energia elétrica no horário de pico (17 as 22 horas), que tem custo mais elevado;

v) Desligar, ou pelo menos *"hibernar"* os computadores; e

vi) Promover a conscientização geral dos colaboradores que dividem o ambiente para as normas de economia que a empresa definir.

Nas despesas de **viagem e estada**, relevante em muitos negócios, a principal recomendação é de planejamento. Tanto passagens aéreas como diária de hotéis são mais baratas quando compradas com alguma antecedência; normalmente custa muito mais uma viagem decidida na véspera, do que se planejada com antecedência de uma ou duas semanas. E, como todos sabemos os deslocamentos feitos através de aplicativos como UBER, CABIFY etc. são mais baratos do que os taxis; e também existem aplicativos para alternativas ao hotel, a quem estiver disposto a ousar um pouco mais.

Em relação a **locação de máquinas e equipamentos**, a melhor recomendação que posso fazer é que o empresário só faça isto quando a necessidade desses equipamentos for temporária. Ou seja, a empresa não deve alugar ativos que ela necessita permanentemente, pois alugar é mais caro do que comprar. Algumas empresas fazem aluguel permanente de veículos; mas cálculos corretos demonstram que é mais caro alugar do que comprar.

Nas despesas de **Serviços de Terceiros**, a recomendação para pequenos empresários também é de somente contratar serviços que a empresa utiliza temporariamente, ou por alguns dias no mês. Os mais típicos são os serviços de contabilidade e de advogado para alguma causa trabalhista ou tributária. E o tratamento das despesas de salários e ordenados da **mão de obra** alocada nas atividades operacionais da empresa são as mesmas descritas acima para empresas prestadoras de serviços.

Importante também lembrar que os **contratos de compra de produtos e serviços**, quaisquer que sejam, devem ser permanentemente acompanhados para verificação de que estão em conformidade com o mercado; de vez em quando será necessário renegociar algum. As despesas com material de escritório costumam ser relevantes nos escritórios de uma forma geral; mas o único item que entendo que vale a pena acompanhar é o consumo de papel, principalmente em cópias e impressão. Por fim, temos que a **evolução tecnológica** muda o mundo numa velocidade cada vez maior; em decorrência é muito importante acompanhar o efeito dessas mudanças nas despesas operacionais da empresa.

Nas situações em que o empresário delega as compras para algum colaborador do negócio, é sempre recomendável que o colaborador faça 3 cotações e que as mesmas fiquem registradas para eventuais verificações posteriores.

REENGENHARIA

Nos últimos 25 anos aproximadamente as empresas têm se servido de técnicas e consultorias de Reengenharia e outras assemelhadas, como o *Downsizing*, para **promover a redução de custos e despesas** em suas organizações. Independentemente das técnicas que suportam cada processo o fato é que o **objetivo destes trabalhos sempre era de gerar redução de custos** em empresas de todos os portes. Este processo era necessário para promover ganhos de produtividade em decorrência do aumento da concorrência e da competitividade da economia mundial. Novos *players* do comércio mundial, como a China, e novos produtos, principalmente uma imensa parafernália de produtos de informática e telecomunicações estavam entrando no mercado. Os preços precisavam cair, e isto somente era possível com redução de custos **através de ganhos de produtividade**; e os preços realmente caíram!

Apesar da aura de complexidade que envolvia as técnicas de reengenharia, por exemplo, a verdade é que seu conceito era muito simples. Ao invés de olhar todas as despesas que a empresa incorre mensalmente, e selecionar o que deve ou não ser mantido, o recomendado é relacionar os recursos (custos e despesas) que a empresa precisa para funcionar. O que não estiver na lista a empresa não precisa; mais ou menos como na lista de compras para se ir ao supermercado. Claro que eventualmente o empresário vai se lembrar de um item que estava esquecendo. Como na lista do supermercado.

10. ENCERRAMENTO

Quem diz que é complicado também não está entendendo.
Valter Celio Fonseca

Uma das primeiras conclusões que podemos tirar deste livro é que não é porque a empresa tem um bom produto e vende bastante que vai ter lucro. Simplesmente porque o lucro do faturamento pode ser desperdiçado de várias maneiras, como pudemos notar nos capítulos anteriores. Mas se a empresa não tiver bons produtos e/ou serviços, e boa clientela, nem será uma empresa. Só é possível discutir lucratividade de um negócio ou empresa depois que ela começa a operar, vendendo, produzindo, faturando, recebendo, pagando etc. Então para chegar a este estágio foi um longo caminho, da ideia inicial, planejamento do negócio, início e crescimento. Pode ter sido meses ou anos, não importa; o fato é que foram muitos obstáculos a serem vencidos até chegar ao estágio atual.

É cada vez mais complexo o processo de gerir um negócio tanto em decorrência de produtos e serviços cada vez mais qualificados, quanto a mercados cada vez mais exigentes com tantas alternativas disponíveis. Não bastasse isto temos uma legislação cada vez mais complexa e ampla, regulando temas tão diversos quanto o tributário, o trabalhista, o meio ambiente, etc. E quase sempre impondo mais custos ao empresário.

O **capital** é imprescindível em todo e qualquer negócio; sem dinheiro é quase impossível que o empresário comece ou mantenha um negócio. E para administrar o dinheiro e suas implicações o empresário deve elaborar e manter um eficiente relatório de **fluxo de caixa**. E embora capital e fluxo de caixa sejam extremamente importantes para todo e qualquer negócio, por si só **não garantem** que a empresa seja lucrativa.

A mão de obra dos Microempreendedores Individuais e da maioria das Microempresas é o próprio empresário. Mas muitos pequenos empresários precisam contratar **mão de obra** para auxiliar no desenvolvimento das atividades de seus negócios. Acertar na contratação de pessoas é muito importante para otimização dos resultados da empresa; e errar na contratação é prejuízo na certa. Mas mesmo uma excelente gestão dos recursos humanos da empresa **não garante** que o negócio seja lucrativo.

O **excesso de informações** disponíveis sobre todo e qualquer tema infelizmente não ajuda o empresário; pelo contrário, deixa-o confuso. Muitas das informações disponíveis, principalmente nas redes sociais são positivas e bem-intencionadas, mas nem sempre corretas ou completas; e há recomendações que se aplicam em uma situação, mas não em qualquer situação. Um dos grandes problemas dos conselhos escritos ou gravados é dar a mesma recomendação a todo mundo; uma pessoa que trabalha muito e um indolente não podem receber o mesmo conselho ou incentivo.

Para ter sucesso o empresário precisa ter **conhecimentos e habilidades** no produto, em **marketing** e na **gestão** do negócio. Além disto precisa fazer **planejamento**, definir **prioridades** e aprender a administrar seu **tempo**. A solução nem sempre é vender mais. Não adianta nada um restaurante dobrar o faturamento se para isto for necessário o dobro da estrutura; às vezes a solução é aumentar um pouco o faturamento adicionando mais espaço na área de atendimento através da redução e otimização do tamanho da cozinha.

A saúde financeira de uma empresa é como a saúde de um ser vivo; quanto maior o ser – ou empresa – mais complexo são os seus componentes. Então o que realmente fará de um negócio ou empresa um sucesso, é a **utilização de todas as competências acima**, nas **doses apropriadas** e nos **momentos em que forem requeridos**. Enquanto o porte do negócio não permitir ao empresário a contratação de um competente gestor financeiro, **ele precisa ser o gestor financeiro**. Os 7 passos deste livro vão acompanhar e monitorar o desempenho econômico financeiro do negócio, recomendando ajustes quando e onde forem necessários.

Ninguém disse que seria fácil um negócio ser um sucesso e ser lucrativo!

APÊNDICE A
FLUXO DE CAIXA

Quando uma empresa faz apenas um controle ou relatório financeiro, é quase certo que é o **fluxo de caixa**; trata-se de um relatório extremamente importante para o planejamento, controle e acompanhamento do caixa, objetivando conhecer o dinheiro disponível, a composição de entradas e saídas, bem como as expectativas de recebimentos e pagamentos, e os saldos resultantes para planejamento de aplicação financeira dos superávits de caixa, ou a tomada de empréstimos para a cobertura de eventual falta de dinheiro.

Tão importante quanto elaborar relatórios de fluxo de caixa do passado é fazer projeções de fluxo de caixa. Relatórios sobre o passado mostram o perfil dos gastos e recebimentos, permitindo que o empresário conheça um pouco mais de seu negócio. Mas a verdadeira gestão do caixa é feita com as projeções de entradas e saídas esperadas; o passado é história, literalmente. E quanto menos folga a empresa tem no caixa, mais importante são as projeções.

Para quem não sabe, ou ainda não se deu conta, uma empresa quebra quando falta dinheiro. E uma empresa pode quebrar mesmo se estiver gerando lucro, se simultaneamente houver falta de caixa e não tiver condições de levantar recursos de alguma forma, para cobrir essa falta de caixa; de modo similar a empresa pode sobreviver um tempo mesmo incorrendo em prejuízo, se durante este período não faltar caixa. Mas, se o prejuízo persistir, a falta de caixa será somente uma questão de tempo. No primeiro caso a empresa incorre em uma crise de liquidez; no segundo ela vai se descapitalizando até não ter mais recursos para sobreviver. E é por isto que este relatório é tão importante.

Como sabemos, muitos empresários gastam muito tempo em contatos e negociações com bancos, pagando contas em atraso com juros, monitorando as pendencias em cartórios de protestos e arcando com as custas de protestos e baixas, simplesmente por falta de organização e controle; negociações preventivas são muito mais eficazes e mais baratas. Um bom planejamento antecipa problemas e facilita a execução de qualquer projeto.

Um momento particularmente delicado para um empresário é o começo das atividades. **Se não houver planejamento** o empresário monta um negócio, e o mantém funcionando enquanto houver dinheiro, sem saber qual é o cenário futuro, e fecha quando o dinheiro acaba. **Esta é a história da maioria das empresas que fecham no primeiro ano**. Falhar na preparação é preparar-se para falhar; a frase é atribuída a Benjamim Franklin, mas segundo Mario Persona todas as frases sem autoria conhecida são atribuídas a ele.

TERMOS QUE PRECISAM SER EXPLICADOS

Para melhor entendimento deste tema vou explicar alguns conceitos que aparecem de forma recorrente quando se fala de fluxo de caixa:

a) **Capital** é dinheiro; qualquer dinheiro.

b) **Capital de Giro**, como já comentamos é o capital necessário para fazer uma empresa, uma linha de produto ou um contrato funcionar. Numa pequena indústria ou comércio seria a soma do valor dos estoques com o valor de contas a receber, menos o valor a pagar a fornecedores. Normalmente o valor dos 2 primeiros somados costuma ser maior que o último. Esta é a forma de medir o valor do capital de giro que o empresário investe em um negócio.

c) **Regime de Competência** é o regime de uma receita ou despesa que aloca tal fato à data em que a mesma ocorreu, independentemente de ter sido recebida ou paga. Nesse sentido o aluguel do mês de janeiro será considerado despesa de janeiro, mesmo que seja pago em fevereiro. O mesmo ocorre com um faturamento, cujo recebimento ocorre no mês seguinte, ou posteriormente; o faturamento será considerado na data da emissão da Nota Fiscal. Este é o regime utilizado na contabilidade, para apuração de Balanço e da DRE.

d) **Regime de Caixa** é o regime que trata receitas e despesas nas datas em que são recebidas ou pagas. E é o regime utilizado no relatório de fluxo de caixa.

e) **Ciclo Financeiro** de um negócio ou contrato é o período de tempo que vai da primeira à última movimentação financeira desse mesmo negócio ou contrato. Ou seja, é o período em que ocorre todos os pagamentos e recebimentos relativo ao negócio ou contrato.

f) **Ciclo Operacional** de um negócio ou contrato é período de tempo que vai do pedido ou contrato até o término do negócio ou contrato, que normalmente é o recebimento final.

O FORMATO DO RELATÓRIO

O formato de relatório abaixo é uma ideia inicial do que serve a uma pequena empresa. As linhas de entradas e saídas devem ser ajustadas para refletirem as contas que normalmente são movimentadas. Se o negócio não tem entrada decorrente de adiantamento de clientes, a linha não é necessária. O mesmo acontece com as saídas; se o negócio não tiver empregados, por exemplo, a linha de salário e encargos também não será necessária. A empresa poderá adicionar ou trocar quaisquer linhas por outras mais relevantes para o entendimento do negócio.

No grupo de saídas a regra é listar as contas a partir da mais relevante, terminando na linha de *Outras Despesas*. Não vale a pena aumentar muito o número de linhas, e a linhas de outras despesas pode representar até 5% do total. Quando o relatório tem muitas linhas a atenção fica mais dispersa para analise global dos itens.

EMPRESA INDUSTRIAL LTDA.	
FLUXO DE CAIXA	
MÊS DE DEZEMBRO DE 20XX	
A - SALDO INICIAL	**450**
B - ENTRADAS	
B.1 - Cobrança	22.400
B.2 - Adiantamento de clientes	600
B.3 - Outras entradas	100
TOTAL DE ENTRADAS	**23.100**
C - SAÍDAS	
C.1 - Fornecedores	6.600
C.2 - Salários, encargos e benefícios	4.700
C.3 - Aluguel, IPTU e condomínio	1.750
C.4 - Agua, luz e telefonia	750
C.5 - Serviços prestados por terceiros	1.850
C.6 - Despesas comerciais	550
C.7 - Impostos e taxas	1.200
C.8 - Retirada dos sócios	3.000
C.9 - Outras despesas	400
TOTAL DE SAÍDAS	**20.800**
D - MOVIMENTO OPERACIONAL (B-C)	**2.300**
E.1 - Aplicações Financeiras	6.200
E.2 - Resgate de Aplicações	4.500
E.3 - Empréstimos Tomados	-
E.4 - Empréstimos Pagos	750
E - MOVIMENTO FINANCEIRO	**(2.450)**
F - MOVIMENTO TOTAL (D + E)	**(150)**
SALDO FINAL (A + F)	**300**

O **saldo inicial** e o **saldo final** representam a soma dos valores em dinheiro (o caixa propriamente dito), cheques em poder da empresa para serem depositados e saldo das contas correntes bancarias. Empresas que operam com maquininhas para processamento de recebimento com cartões (débitos, créditos, benefícios, etc.) também devem acrescentar o valor das vendas já feitas e ainda não recebidas; se o valor não for conhecido, é melhor estimar um valor do que não considerar nada. Saldo inicial é o saldo na data do início do período de apuração do fluxo de caixa; no exemplo abaixo, em que o fluxo se refere ao mês de dezembro, saldo inicial significa o saldo no fim de novembro. E o saldo final é o saldo em 31 de dezembro.

Movimento operacional é o movimento decorrente das operações da empresa, ou seja, de produzir e vender. Difere do **movimento financeiro** que se refere às transações financeiras como empréstimos e financiamentos, bem como outras atividades não operacionais da empresa. Também é importante lembrar que compras de bens financiados devem ser reportadas como saída de caixa, como se a empresa estivesse comprando um ativo fixo, por exemplo, devidamente compensada com uma entrada de financiamento. A **diferença** entre **empréstimos** e **financiamentos** é que no empréstimo a empresa recebe o dinheiro que posteriormente terá que devolver com juros; no financiamento a empresa recebe um bem e assume uma dívida financeira. O pagamento do financiamento, ou seja, da dívida financeira, é o fluxo financeiro da compra do bem.

Aplicações financeiras e resgastes podem ocorrer a toda hora, dependendo da aplicação feita; por isso existem valores nas duas linhas. E a interpretação simples do fluxo de caixa abaixo é que a empresa gerou um caixa de R$ 2.300,00. Este valor foi usado para pagar R$ 750,00 de empréstimo e o resto, R$ 1.550,00, foi para aplicação financeira. Também se pode concluir que houve um aumento na aplicação financeira de R$ 1.700,00 (6.200-4.500), com R$ 1.550,00 acima, mais R$ 150,00 de redução no **Saldo de Caixa** (300-450).

Como já citado o fluxo de caixa do passado é importante para conhecer o negócio, ou a empresa, e ter referencias para elaboração de projeções. Nesse sentido é interessante o empresário montar um histórico mensal de fluxo de caixa para futuras consultas. O fluxo de caixa pode ser feito numa folha simples de papel, e posteriormente guardado. Mas o ideal é montar em um arquivo em Excel, colocando cada ano com 12 meses em uma planilha desse arquivo.

DICAS E RECOMENDAÇÕES PARA PROJETAR O FLUXO DE CAIXA

O primeiro dia útil do mês é a data ideal para o empresário olhar a situação do caixa, analisando o mês anterior e projetando os três meses seguintes. Claro que o primeiro mês da projeção é o mais relevante; mas é necessário ter uma ideia geral de como será o cenário do período, para que os ajustes e providencias que forem necessários sejam tomados em tempo hábil.

Para a elaboração da projeção do fluxo de caixa o empresário precisa, pelo menos, das seguintes informações:

a) Fluxo de caixa dos meses anteriores;
b) Lista de todas as contas a pagar já conhecidas;
c) Lista de valores a receber, já conhecidos;
d) Projeção de faturamento do período (3 meses);
e) Outras informações como empréstimos, financiamentos, investimentos etc., que impactam o caixa no período.

Embora cada negócio seja diferente dos outros, este pacote de informações atende à quase totalidade das empresas, e serão utilizadas da seguinte forma:

a) A projeção das **despesas fixas** pode ser feita através da média dos meses anteriores, que é uma informação disponível no fluxo dos períodos anteriores, com os ajustes que o empresário entender necessários. Um exemplo são os gastos com aluguel, condomínio, IPTU, água, luz e telefone que se pode projetar um gasto de R$ 9.200,00 e posteriormente ajustar para os valores reais, como R$ 8.950,00;

b) Os valores já conhecidos de **contas a pagar** devem substituir os valores projetados. Normalmente para o mês corrente, que é o primeiro mês da projeção, a maioria das contas já são conhecidas;

c) O mesmo procedimento deve ser feito para o valor de **contas a receber**. No mês anterior, por exemplo, o empresário pode ter projetado R$ 200 mil de contas a receber, enquanto que o levantamento atual mostra que o valor correto é de 207.300,00;

d) A **projeção de faturamento** serve tanto para projetar o valor de contas a receber, quanto os efeitos decorrentes do mesmo, como **fornecedores** e **impostos a pagar**;

e) Além dos itens acima, há uma série de outros fatos que afetam o fluxo de caixa, como a tomada de empréstimos, o pagamento de **empréstimos e financiamentos**, a compra de **ativo fixo** e outros que o empresário conhece, ou está pensando em fazer. Enfim, toda e qualquer fato que afete o caixa da empresa deve ser prevista no fluxo de caixa, para facilitar a gestão do caixa pelo empresário.

O processo de projetar o fluxo de caixa pode ser um pouco trabalhoso para começar; mas depois que entrar no ritmo o empresário vai notar que é muito simples, rápido e extremamente útil. O processo se completa com a análise comparativa dos valores que realmente ocorreram, versus a projeção que havia sido feita. É quando o empresário precisa entender os motivos das diferenças, bem como planejar eventuais ajustes se necessário, tanto no fluxo de caixa como na empresa em si para os meses seguintes.

Uma parte das pequenas empresas consegue sobreviver com fluxo de caixa projetado para o mês; outras precisam decompor a projeção para o mês em semanas, sendo que algumas precisam de uma projeção diária. A projeção fechada de um mês é suficiente para o empresário, cuja empresa tem poucos clientes e um bom controle dos recebimentos, bem como conhecimento e controle de pelo menos 90% dos desembolsos mensais. Claro que em adição a isto a empresa precisa ter os recursos necessários para girar o mês, ou seja pagar os compromissos com os recursos disponíveis.

Se de um lado temos empresas com um fluxo de caixa tranquilo, no outro extremo temos empresas em que as entradas diárias são variáveis e mais difíceis de serem estimadas, como no comércio varejista, bem como valores de saídas que também oscilam um pouco, principalmente aqueles que decorrem de compras para atendimento de vendas que também oscilam. Pode parecer estranho, mas na maioria dos negócios é mais fácil projetar as saídas de caixa do que as entradas; e normalmente há menos diferença entre as saídas estimadas e os valores que realmente ocorreram do que as entradas estimadas e os valores reais de entradas. Ou seja, as empresas têm mais controle sobre as saídas do que das entradas, pois as entradas não dependem apenas dela.

Quando o fluxo de caixa mensal é insuficiente para a gestão do caixa de um negócio, a solução é "*abrir*" a projeção do mês seguinte por semana, ou por dia, dependendo da necessidade do negócio. Para facilitar o entendimento apresentamos abaixo o Fluxo Mensal do exemplo citado na seção anterior deste capítulo, "*aberto*" por semana:

EMPRESA INDUSTRIAL LTDA.							
FLUXO DE CAIXA							
MÊS DE DEZEMBRO DE 20XX		SEMANAS					
	MÊS	0	1	2	3	4	5
A - SALDO INICIAL	450	450	50	750	650	350	3.250
B - ENTRADAS							
B.1 - Cobrança	22.400	400	6.000		5.000	10.000	1.000
B.2 - Adiantamento de clientes	600			600			
B.3 - Outras entradas	100						100
TOTAL DE ENTRADAS	23.100	400	6.000	600	5.000	10.000	1.100
C - SAÍDAS							
C.1 - Fornecedores	6.600	600	1.500	1.000	2.000	1.000	500
C.2 - Salários, encargos e benefícios	4.700	200	2.500		1.000	1.000	
C.3 - Aluguel, IPTU e condomínio	1.750		1.750				
C.4 - Agua, luz e telefonia	750			750			
C.5 - Serviços prestados por terceiros	1.850			1.850			
C.6 - Despesas comerciais	550		200				350
C.7 - Impostos e taxas	1.200				1.200		
C.8 - Retirada dos sócios	3.000						3.000
C.9 - Outras despesas	400		100	100	100	100	
TOTAL DE SAÍDAS	20.800	800	6.050	3.700	4.300	2.100	3.850
D - MOVIMENTO OPERACIONAL (B-C)	2.300	(400)	(50)	(3100)	700	7900	(2750)
E.1 - Aplicações Financeiras	6.200				1.000	5.000	200
E.2 - Resgate de Aplicações	4.500		1.500	3.000			
E.3 - Empréstimos Tomados	-						
E.4 - Empréstimos Pagos	750		750				
E - MOVIMENTO FINANCEIRO	(2.450)	-	750	3.000	- 1.000	- 5.000	- 200
F - MOVIMENTO TOTAL (D + E)	(150)	(400)	700	(100)	(300)	2900	(2950)
SALDO FINAL (A + F)	300	50	750	650	350	3.250	300

Para ajudar no entendimento da relação existente entre o fluxo de caixa mensal e os valores semanais, podemos observar que:

a) O fluxo de caixa semanal fica mais fácil de ser entendido e acompanhado quando utilizamos a semana completa de segunda a sexta-feira. Então quando a semana não começar na segunda-feira, consideramos os primeiros dias como **semana zero**. Em decorrência utilizamos a **semana 5** para os últimos dias da última semana, se houver;

b) O saldo inicial do mês é igual ao saldo inicial da **semana 0**; pelo mesmo motivo o saldo final do mês, é o saldo final da **semana 5**. Nas demais linhas, a soma dos valores das 5 semanas é igual ao valor do mês;

c) A linha de saldo final, e por consequência a inicial, não pode ficar com valor negativo. Saldo negativo significa falta de dinheiro. Se isto acontecer o empresário precisa avaliar como resolver a falta de caixa, que pode ser o adiamento de algum pagamento, ou a tomada de algum empréstimo;

d) Pelos mesmos princípios, o fluxo semanal pode ser convertido em **fluxo de caixa diário**.

Quando o empresário precisa do relatório "*aberto*" por dia é porque os valores podem ir ser alterando ao longo do mês. Para facilitar a gestão o ideal é utilizar uma planilha em Excel e duplicar o arquivo. Na nova cópia a recomendação e ir ajustando a projeção em função dos novos valores que forem surgindo. Por exemplo, a estimativa da conta de luz era R$ 500,00, mas quando a conta chegou o valor era R$ 570,00; ir ajustando os valores permite ir conhecendo os novos saldos resultantes, e as eventuais consequências desses novos saldos. Certamente que o empresário sabe quando este procedimento precisa ser adotado, e quando não é necessário.

Para resumir, bastam 3 arquivos em Excel para uma boa gestão do fluxo de caixa:

    a) Um arquivo com os valores reais mensais, sendo uma planilha para cada ano;

    b) Um arquivo para elaboração mensal das projeções e posterior comparação com os valores reais, sendo uma planilha para cada mês;

    c) Um arquivo para acompanhamento e ajuste diário de projeções mensais, quando necessário, sendo uma planilha para cada mês.

ANÁLISES E CONCLUSÕES

Quando bem feito e controlado o fluxo de caixa é um poderoso instrumento gerencial de antecipação de problemas de liquidez. Saber com antecedência que vai faltar recursos é mais fácil para prorrogar um título junto a um fornecedor ou fazer uma operação bancária para contornar a situação; avisar a um fornecedor no próprio dia que não vai poder efetuar um pagamento, certamente é motivo de *stress* e deterioração de relacionamento comercial.

Como já mencionei anteriormente, lucro e caixa não necessariamente andam juntos. É muito comum uma empresa industrial ou comercial estar crescendo e não ter caixa. Isto acontece pela necessidade de mais capital de giro; ou seja, aumenta a demanda em estoques e contas a receber, por exemplo, sendo que a principal contrapartida desses aumentos é a redução do caixa. Por outro lado, a empresa pode estar com caixa porque está desinvestindo em outros ativos. Estas situações muitas vezes confunde o empresário.

O capital de giro também pode ser positivo para o caixa, principalmente em empresas prestadoras de serviço que recebem adiantamentos quando assinam um contrato. No momento deste recebimento a empresa não tem lucro nem prejuízo, mas tem um dinheiro por conta do compromisso que assumiu; isto é positivo e bom para o negócio. Mas, infelizmente, muitos empresários confundem esse momento e fazem outros gastos por conta desse adiantamento; e depois se complicam na execução do contrato. Alguns empresários compram ou trocam o carro nesses momentos...

Um item importante certamente são **os gastos pessoais do empresário** e família. Como já comentei é preciso esclarecer que sem essa separação não é possível analisar custos e medir a real rentabilidade do negócio, como comentado no Capítulo 7. Em relação ao fluxo de caixa é recomendável que o empresário reporte a parcela de remuneração de seu trabalho junto os gastos da folha de pagamento por exemplo, e todos os demais valores retirados da empresa a qualquer título, como retirada dos sócios; é muito importante que o empresário saiba o valor total que está retirando mensalmente.

Outro erro que muitos empresários cometem é **retirar do negócio o valor que precisam** e quando precisam, ignorando a real rentabilidade do negócio. Quando este valor excede a lucratividade do negócio a empresa se **descapitaliza** e em seguida começa a se **endividar ou a atrasar o recolhimento de impostos**; ou as duas coisas. E muitos empresários que fazem isto não entendem o motivo do endividamento da empresa. Conheço alguns assim!

Por fim, enquanto alguns empresários erram no valor da retirada do negócio, **há outros que erram no sentido inverso**. Ou seja, empresários que vão fazendo aportes sempre que o negócio demanda, mesmo sem entender porque isto está ocorrendo. Quem faz isto, o faz na esperança de reverter os resultados do negócio, mas quase sempre estão mantendo um negócio que não é viável, normalmente por ego. E quem está fazendo isto precisa consultar seu contador, porque há implicações fiscais. O ideal é ter estes valores sob controle e devidamente remunerados.

  Elaborar o relatório de fluxo de caixa é importante e útil na gestão de um negócio, mas este procedimento por si só não garante que a empresa vá dar lucro. Significa apenas que o caixa está sob controle, pois é possível que uma empresa **quebre**, mesmo com o fluxo de caixa sob controle. Mas não elaborar fluxo de caixa é pior, pois além dos riscos de liquidez também é uma grande evidencia que a empresa não se preocupa com controles, e que provavelmente há outros pontos que precisam ser corrigidos. Então elaborar o fluxo de caixa é uma necessidade, e está devidamente previsto no âmbito dos **passos necessários para fazer o seu negócio dar lucro!**

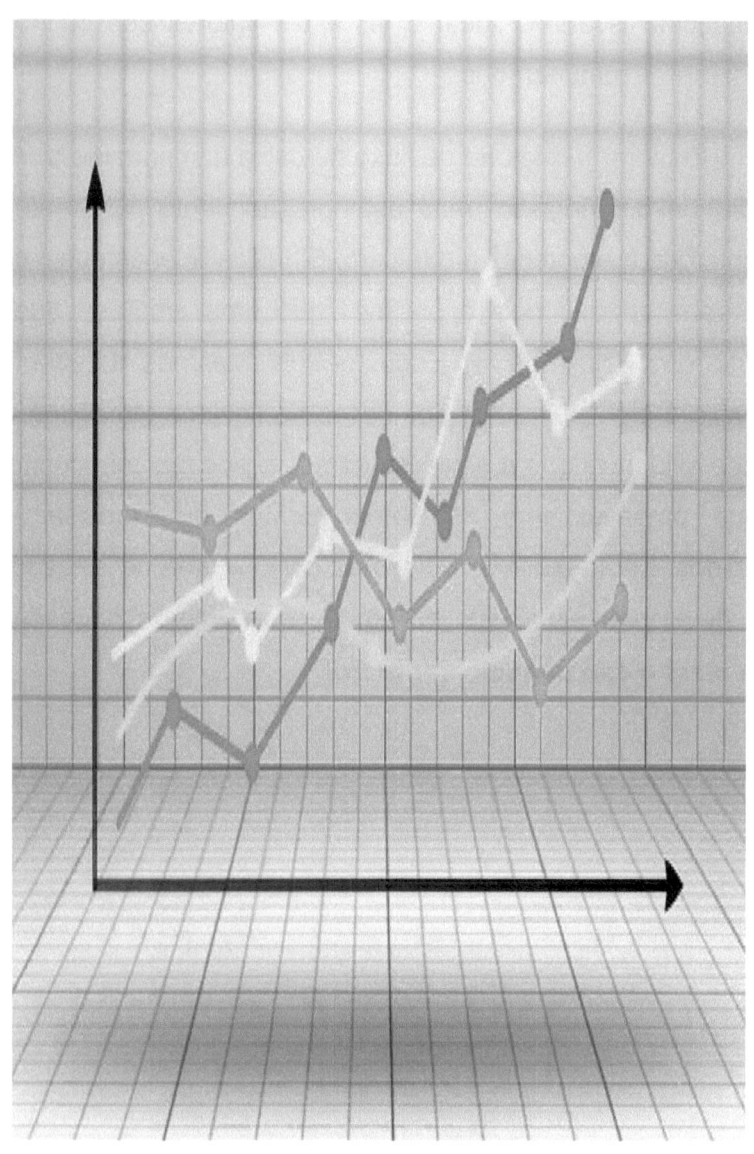

APÊNDICE B
DEMONSTRAÇÃO DE RESULTADOS DO EXERCÍCIO

Em conformidade com o objetivo deste livro, que é demonstrar os passos para que um negócio dê lucro, **este é o relatório onde empresário verifica se o objetivo foi atendido ou não**, ou seja, onde o empresário constata se seu negócio dá lucro ou não, e de quanto. Aqui o empresário vai entender onde o negócio não está indo bem e o que precisa fazer, baseado na análise e interpretação de cada número do relatório, em função das recomendações apresentadas em cada capítulo deste livro. Nesse sentido fica claro a importância de todos os temas apresentados ao longo do livro; literalmente este relatório **é a hora da verdade**.

A Demonstração de Resultados do Exercício, ou simplesmente **DRE**, também é conhecida por outros nomes como Sumário de Resultados, Sumário das Operações, Relatório de Lucros e Perdas, e até por **Lucros & Perdas**, simplesmente. Particularmente acho que Lucros & Perdas é o nome mais sugestivo para este relatório, mas o nome mais popular entre os contadores é **DRE**, por ser a denominação oficial. Utilizo a denominação de DRE porque os empresários precisam do apoio do contador neste assunto; nada como falar a mesma língua!

Enquanto que o fluxo de caixa, como o nome sugere, é medido de acordo com o regime de caixa, a DRE é um relatório econômico feito em conformidade com o regime de competência; a diferença entre ambos está explicada no **Apêndice A**. Conceitualmente a DRE é o relatório que demonstra o que aconteceu durante um determinado período; ou seja, é o **filme de um período**. E o período mais popular de apuração é o **mês**; assim a DRE relativa ao mês de janeiro, por exemplo, vai demonstrar o lucro ou prejuízo de janeiro, considerando o faturamento e todos os custos e despesas, incluindo juros e impostos, relativo aquele mês, não importando quando tais despesas foram pagas ou quando os valores do faturamento foram recebidos.

A DRE pode ser feita em vários formatos, sendo que o objetivo geral é demonstrar quanto a empresa faturou, quais foram os principais custos e despesas, bem como qual foi o lucro ou prejuízo no período demonstrado. Normalmente as médias e grandes empresas vão adaptando o formato às necessidades e circunstâncias do próprio negócio. Os pequenos empresários podem fazer o mesmo, se sentirem essa necessidade.

MEI

Inicialmente gostaria de lembrar que nos termos da legislação vigente o Microempreendedor Individual não precisa de um contador; por outro lado ele não tem nenhum suporte para apuração de resultados e medição do desempenho de seu negócio. Para que o MEI possa ter um DRE simplificado, como simples em tese é seu negócio, desenvolvi uma técnica que vou demonstrar a seguir. Para começar o MEI precisa montar o balanço de seu negócio todo final de mês. Isto não é difícil nem complicado e será melhor explicado no **Apêndice C**, que trata deste tema (balanço).

Para o MEI que tem um **negócio realmente simples**, o seguinte formato de relatório de Lucros e Perdas é suficiente para acompanhar a rentabilidade de seu negócio:

- Faturamento do mês   R$ 6.750,00
- Custos e Despesas   R$ 2.550,00
- **Lucro do mês**   **R$ 4.200,00**

Para saber o valor do faturamento o empresário precisa ter um controle que forneça este valor, **tanto** se este valor for a soma de produtos e serviços vendidos o dia todo, todos os dias, como é o caso de um chaveiro, por exemplo, **quanto** se este valor for apenas uma Nota Fiscal de prestação de serviços emitida no final do mês a seu único cliente, como é o caso de muitos prestadores de serviços. Meu pai, que Deus o tenha, teve uma sorveteria durante vários anos; todo final de noite ele anotava em um caderno o faturamento do dia; papai também controlava os custos dos ingredientes e despesas da sorveteria para saber o lucro do negócio. Cada empresário precisa desenvolver seu próprio controle para saber o valor de seu faturamento mensal, pois precisa deste controle para saber se seu negócio dá lucro ou não, e de quanto.

Poucos MEIs controlam seus custos e despesas. Claro que seria interessante ter um controle detalhado de despesas e custos dos serviços prestados ou mercadorias vendidas para uma boa análise mensal dos dados. Para aqueles que não têm esse controle, a técnica que vou apresentar a seguir contorna a situação. A solução é calcular o valor dos custos e despesas pela diferença entre o valor do faturamento e o lucro; sobre o cálculo do lucro vamos falar logo mais à frente. No exemplo acima, **apenas para demonstrar o conceito**, o valor das despesas e custos é igual à diferença de R$ 6.750,00 – 4.200,00 = 2.550,00. Se ao invés de lucro o negócio der prejuízo, a conta correta é a **soma** do faturamento mais o prejuízo. Se, por exemplo, uma empresa faturar R$ 5.000,00 e tiver um prejuízo de R$ 1.000,00, isto significa que o valor de custos e despesas foi de R$ 6.000,00 (5.000,00 + 1.000,00).

Para apurar o lucro do mês o MEI precisa fazer o balanço de seu negócio, como já comentado acima; no **Apêndice C** eu demonstro os conceitos de Patrimônio Líquido e Lucro Acumulado, ambos calculados por diferença no balanço. Por exemplo, o Lucro do mês de março é igual ao Lucro Acumulado do mês de março menos o Lucro Acumulado do mês de fevereiro. A este valor o MEI precisa somar o valor do dinheiro que ele retirou do negócio durante o mês, a título de gastos pessoais; isto é necessário porque quase todos os microempresários misturam o dinheiro do negócio com o dinheiro pessoal. Vamos à um exemplo:

Lucro Acumulado de março de 20XX	9.000,00
(-) Lucro Acumulado de fevereiro de 20XX	7.500,00
(=) Aumento do lucro	1.500,00
(+) Retiradas do MEI no mês	2.700,00
Lucro do mês de março de 20XX	**4.200,00**

Tenho certeza de que muitos Microempreendedores Individuais ficarão surpresos com o resultado apurado, principalmente se forem honestos com relação ao valor das retiradas durante o mês. Com o exemplo acima qualquer MEI pode calcular a rentabilidade de seu negócio. E esta técnica também pode ser utilizada por pequenos empresários em geral, se não quiserem ter muito trabalho e estiverem satisfeitos com os dados que podem ser obtidos através deste formato.

Para o MEI que tem um **negócio um pouco mais complexo**, ou que queira ter um pouco mais de informação, eu recomendo uma técnica um pouco mais elaborada que requer **2 procedimentos adicionais** em relação ao formato acima de apenas 3 linhas. O **primeiro** procedimento é decompor o valor acima de Custos e Despesas, como demonstrado no exemplo a seguir:

- Faturamento do mês R$ 6.750,00
- Custos dos produtos ou serviços R$ 1.950,00
- Despesas R$ 600,00
- **Lucro do mês** **R$ 4.200,00**

O jeito simples de fazer isto é apurar manualmente o custo dos produtos ou serviços, e calcular as despesas por diferença; notem que o valor do Lucro do mês continua o mesmo. Em uma MEI isto não é complexo; mas para aqueles que sentirem dificuldade na apuração, eu recomendo rever o Capítulo 6 – Quinto Passo – Custo dos Produtos ou Serviços Vendidos, que embora direcionado a Micros e Pequenas Empresas, é útil para qualquer tipo de apuração de custos.

O **segundo** procedimento é separar o custo do trabalho do empresário do lucro do negócio. Isto é importante para efeito de análise e comparação com outros negócios. Por exemplo, o MEI poderá considerar que o custo de seu trabalho é de R$ 2.500,00 por mês. Para entender melhor este valor, o custo do trabalho do empresário é aquele que ele pagaria para um terceiro, se ele decidir não fazer este trabalho, e ser apenas o investidor do negócio. Se o terceirizado fizer o trabalho por R$ 2.500,00, então este é o custo do trabalho. E este segundo procedimento requer um segundo passo, que é decompor o valor do trabalho, no caso os R$ 2.500,00 de exemplo entre Custo e Despesas.

O objetivo é alocar como custo o percentual do tempo que o empresário aloca na produção de seu produto ou serviço. Se ele se dividir igualmente entre produção e comercialização, a solução é alocar 50% deste valor em cada item; se a atividade é a comercialização de um produto pronto, então 100% do valor deverá ser tratado como despesa (despesa comercial). Ou ainda efetuar a distribuição que entender mais apropriada entre as duas contas. No exemplo acima, o lucro de R$ 4.200,00 cairia para R$ 1.700,00, se considerarmos o custo de 2.500,00 acima descrito; nesta condição o lucro de R$ 1.700,00 é o lucro do investidor. E a informação de **Lucro das Vendas** deixa o relatório bem mais interessante. Assim o relatório passaria a ter o seguinte formato, na versão em que os R$ 2.500,00 de custo fossem distribuídos entre Custos e Despesas, na proporção de 50% cada:

- Faturamento do mês   R$ 6.750,00
- (-) Custos dos produtos/serviços   R$ 3.200,00
- (=) Lucro das Vendas   R$ 3.550,00
- (-) Despesas   R$ 1.850,00
- **(=) Lucro do mês**   **R$ 1.700,00**

Para a apuração do lucro do mês de R$ 1.700,00, acima demonstrado, o cálculo do lucro a partir do Lucro Acumulado constante do Patrimônio Líquido terá um ajuste, nas situações em que o MEI não terceiriza a gestão de seu negócio, mas quer fazer a medição com esta informação:

- Lucro acumulado - março de 20XX   R$ 9.000,00
- (-) Lucro acum. - fevereiro de 20XX   R$ 7.500,00
- (=) Aumento do lucro   R$ 1.500,00
- (+) Retiradas do MEI no mês   R$ 2.700,00
- (-) Custo do Trabalho do MEI   R$ 2.500,00
- **Lucro do mês de março de 20XX   R$ 1.700,00**

A primeira conclusão importante deste relatório é que Lucro das Vendas representa 53% (3.550,00/ 6.750,00) do faturamento; o ideal é que este número fosse de, no mínimo, **60%**. E a segunda conclusão é que o Lucro representa 25% (1.700,00/6.750,00) do faturamento; o ideal é que este número seja, no mínimo de **20%**. Todo negócio tem características próprias que justificam uma lucratividade maior ou menor. Quanto mais comum for o produto (commodity), maior a quantidade de concorrentes e menor a rentabilidade; quanto mais diferenciado for o produto comercializado, menor a concorrência e maior a lucratividade. As referências fornecidas, principalmente os **20%** é para que o próprio microempresário avalie o resultado de seu negócio. No exemplo apresentado embora o Lucro das Vendas esteja abaixo do desejado, o Lucro do mês está acima do mínimo esperado.

FORMATO

Em linha com o fato de que todos os relatórios apresentados neste livro são **gerenciais**, uma DRE pode ser estruturada através de qualquer formato que comece pelo faturamento bruto, deduza impostos custos e despesas, bem como considere outras receitas e despesas eventuais e termine apresentando o lucro ou prejuízo do período apurado. O formato ideal é aquele que ajuda o empresário a entender os resultados de seu negócio, para que ele possa tomar as decisões necessárias ao continuo aprimoramento de sua empresa. O relatório precisa servir ao empresário, em todos os sentidos.

No capítulo 7 apresentei os dois formatos de DRE abaixo, Modelos **A** e **B**, que são mais comumente encontrados em pequenas e médias empresas, como segue:

MODELO A	
Faturamento Bruto	1.300
Impostos	300
Faturamento Líquido	1.000
Custo dos Produtos Vendidos	510
Lucro Bruto	490
Despesas Comerciais	150
Despesas de Adm & Finanças	90
Depreciação	30
Lucro Operacional	220
Desp/(Rec.)Financeiras	20
Lucro antes do Imposto de Renda	200
Imposto de Renda/Cont. Social	60
Lucro Líquido	140

MODELO B	
Faturamento Bruto	1.300
Impostos	300
Faturamento Líquido	1.000
Custos Variáveis	460
Margem de contribuição	540
Despesas Industriais Fixas	100
Despesas Comerciais Fixas	130
Despesas de Adm & Finanças Fixas	90
Lucro Operacional	220
Desp/(Rec.)Financeiras	20
Lucro antes do Imposto de Renda	200
Imposto de Renda/Cont. Social	60
Lucro Líquido	140

Mas estes formatos podem ser um pouco mais resumidos, principalmente para Microempresas (ME) e até para Empresas de

Pequeno Porte (EPP), que estejam satisfeitas com um relatório mais resumido. Quanto menos linhas um relatório tiver, mais fácil a sua elaboração e mais simples o seu entendimento. Como segue, nos modelos **C** e **D** abaixo:

MODELO C	
Faturamento Bruto	1.300
Impostos	300
Faturamento Líquido	1.000
Custo dos Produtos Vendidos	510
Lucro Bruto	490
Despesas	290
Lucro antes do Imposto de Renda	200
Imposto de Renda/Cont. Social	60
Lucro Líquido	140

MODELO D	
Faturamento Bruto	1.300
Impostos	300
Faturamento Líquido	1.000
Custos Variáveis	460
Margem de contribuição	540
Despesas Fixas	340
Lucro antes do Imposto de Renda	200
Imposto de Renda/Cont. Social	60
Lucro Líquido	140

Por fim, mas não menos importante, quando a empresa estiver enquadrada no regime de tributação do SIMPLES NACIONAL, não haverá cálculo em separado de Imposto de Renda e Contribuição Social. Todo imposto apurado será em função do Faturamento Bruto. Em decorrência os relatórios poderão ficar ainda mais resumidos, como podemos notar nos exemplos **E** d **F** abaixo. Mesmo assim o valor do Faturamento Bruto e do Lucro Líquido permanecem os mesmos, que é o objetivo dos exemplos apresentados:

MODELO E	
Faturamento Bruto	1.300
Impostos Totais	360
Faturamento Líquido	940
Custo dos Produtos Vendidos	510
Lucro Bruto	430
Despesas	290
Lucro Líquido	140

MODELO F	
Faturamento Bruto	1.300
Impostos Totais	360
Faturamento Líquido	940
Custos Variáveis	460
Margem de contribuição	480
Despesas Fixas	340
Lucro Líquido	140

Para facilitar o entendimento dos formatos acima de DRE, segue abaixo a descrição da composição de cada linha, começando pelo **Modelo A**:

a) **Faturamento Bruto**

É a soma do valor bruto das notas fiscais de faturamento emitidas durante o período considerado. Ou seja, quando apuramos o valor do faturamento do mês de janeiro de 20XX, este valor significa a soma de todas as notas fiscais emitidas em janeiro de 20XX. Se a empresa receber alguma Nota Fiscal de devolução, o valor desta nota fiscal deve reduzir o valor do faturamento do mês;

b) **Impostos**

É a soma do valor dos impostos incidentes nas notas fiscais da linha de faturamento bruto, deduzindo os créditos de eventuais devoluções de vendas. Esta definição se aplica aos modelos A a D; para os outros

2 modelos ver a definição de "*Impostos Totais*" no final desta seção;

c) **Faturamento Líquido**

Esta linha é igual ao valor do Faturamento Bruto (a), menos Impostos (b) acima.

d) **Custo dos Produtos Vendidos e/ou Serviços Prestados**

Nesta linha são computados todos os custos relativo aos produtos vendidos e/ou serviços prestados. Em uma empresa comercial significa o custo de aquisição do produto vendido. Em uma empresa industrial representa o custo das matérias-primas, mão de obra e todos os gastos indiretos de fabricação relativo aos produtos vendidos no período. Em uma empresa prestadora de serviços, significa o custo da mão de obra dos serviços prestados bem como eventuais materiais e outros custos incorridos na prestação de serviços, como a depreciação de máquinas e equipamentos utilizados na prestação de serviços;

e) **Lucro Bruto**

Esta linha é igual ao valor do Faturamento Líquido (c) menos o valor do Custo dos Produtos Vendidos e/ou Serviços Prestados (d) acima.

f) **Despesas Comerciais**

Nesta linha são computadas todas as despesas da atividade comercial da empresa, como salários e encargos, despesas de viagens, comissão de vendas, despesas de propaganda e marketing etc.;

g) **Despesas de Administração & Finanças**

Nesta linha são computadas todas as despesas das atividades de gestão da empresa, como salários e encargos, aluguel, condomínio, agua e esgoto, energia elétrica, telecomunicações, serviços prestados por terceiros (contabilidade, jurídico, etc.) etc.;

h) **Depreciação**

Existem regras contábeis para o registro de despesas de depreciação dos investimentos que a empresa faz. Isto se aplica a máquinas, equipamentos, móveis, computadores, edifícios etc. Máquinas Industriais, Móveis e Utensílios, por exemplo, são depreciados em 10 anos; ou seja, o valor do item é dividido por 120 (meses) e o valor resultando é contabilizado no resultado de cada mês, durante 10 anos. Ainda sobre esta despesa recomendo considerar as observações feitas no **Capítulo 7** sobre Investimentos.

i) **Lucro Operacional**

Esta linha é igual ao valor do Lucro Bruto (e) menos Despesas Comerciais (f), Despesas de Administração & Finanças (g) e Depreciação (h) acima.

j) **Despesas e Receitas Financeiras Líquidas**

Nesta linha são computadas o valor de todas as despesas financeiras **incorridas** no mês, menos o valor das receitas financeiras também **incorridas** no mês. Aqui é importante lembrar que esta linha **não se refere aos valores pagos** no mês, mas sim aos valores **incorridos** no mês, não importando quando foram pagas ou recebidas. Esta linha é denominada de "*liquidas*" porque se refere às despesas menos receitas, sendo que no exemplo apresentado as despesas são maiores do que as receitas;

k) **Lucro Antes do Imposto de Renda (LAIR)**

Esta linha é igual ao Lucro Operacional (i) menos Despesas e Receitas Financeiras Líquidas (j) acima.

l) **Imposto de Renda e Contribuição Social**

Nesta linha são registradas o valor do imposto de renda e contribuição social das empresas enquadradas no **regime de lucro presumido** e no **regime de lucro real**. As empresas enquadradas no **Simples Nacional** pagam uma alíquota única, englobando todos os impostos devidos, incluindo os impostos desta linha; em decorrência, para tais empresas, o valor desta linha **é zero**;

m) **Lucro Líquido (LL)**

Esta linha é igual ao LAIR (k) menos Imposto de Renda e Contribuição Social (l) acima.

Nos demais Modelos de DRE há algumas linhas diferentes do Modelo A. No **Modelo B** temos as seguintes linhas que não aparecem no Modelo A:

n) **Custos Variáveis**

O exemplo que estamos comentando claramente se refere a uma empresa industrial. Neste exemplo são custos variáveis as matérias primas da produção, mais as comissões de vendas mencionadas abaixo;

o) **Despesas Industriais Fixas**

São despesas industriais fixas todas as despesas industriais, com exceção das matérias primas, mas incluindo mão de obra e a depreciação. Neste exemplo considerei a despesa de depreciação como sendo 100% da área industrial;

p) **Despesas Comerciais Fixas**

Todas as despesas comerciais são consideradas fixas, com exceção da comissão sobre vendas. Neste exemplo o valor das comissões é igual a 20, que é a diferença entre o valor desta linha nos Modelos **A** e **B** (150-130);

q) **Despesas de Administração & Finanças Fixas**

Todas as despesas de gestão do negócio são fixas. Por este motivo o valor desta linha no Modelo **A** é igual ao valor da mesma linha no Modelo **B**;

Na DRE de **Modelo C** a linha "*Despesas*" não aparece nos Modelos A e B. Ela é composta pela soma das linhas de Despesas Comerciais (f), Despesas de Administração & Finanças (g), Depreciação (h) e Despesas Financeiras Líquidas (j) que aparecem no Modelo A.

De maneira assemelhada, na DRE do **Modelo D** a linha "*Despesas Fixas*" não aparece nos Modelos A, B e C. Ela é composta pela soma das linhas de Despesas Industriais Fixas (o), Despesas Comerciais Fixas (p) e Despesas de Administração & Finanças Fixas (q) que aparecem no Modelo B, mais as Despesas Financeiras Líquidas (j) que aparece no Modelo A.

Por fim temos a DRE de **Modelos E** e a DRE de **Modelo F** onde aparece a linha de "*Impostos Totais*", que não aparece nos demais modelos. Ela é composta pela soma das linhas de **Impostos** (de faturamento) (b) e **Imposto de Renda** e **Contribuição Social** (l) que aparecem no Modelo A, com a ressalva de que o valor desta linha é diferente para cada tipo de enquadramento tributário (Lucro Real, Lucro Presumido e SIMPLES). Aqui os valores estão mantidos iguais apenas para o entendimento de cada modelo de DRE.

Não está incluso nas descrições acima as despesas e receitas não operacionais. Como o próprio nome diz, são receitas ou despesas que acontecem nas empresas, mas que não se referem diretamente as atividades operacionais da empresa. São exemplos desta linha as multas e os ganhos e perdas na venda de ativo fixo. O motivo de não haver mostrado é que nas pequenas empresas estes valores normalmente não são significativos; desta forma podem ser consideradas junto com as despesas normais da empresa.

MONTAGEM DO RELATÓRIO

Para começar é importante relembrar que este relatório o empresário só consegue montar com o apoio do respectivo escritório de contabilidade. Se o escritório de contabilidade não enviar um balancete que contemple todos os fatos contábeis do mês, o empresário não terá condições de montar um DRE. Então, como já citei inúmeras vezes, o empresário terá que enviar ao contador toda documentação que o contador requisita, e a tempo, para que ele possa fazer o devido processamento e a elaborar o respectivo balancete.

O balancete (do inglês *Balance Sheet* – folha de saldos) que o contador fornece a empresa é um relatório contábil que lista as movimentações e saldos de **todas as contas da empresa,** sendo que somente as chamadas contas de resultado são usadas na elaboração da DRE. As contas do balancete utilizadas na DRE mostram o saldo do ano em curso, bem como o movimento do mês que está sendo apurado. Cada escritório de contabilidade utiliza um sistema diferente para o processamento contábil dos clientes do escritório, bem como um plano de contas próprio; basicamente um plano de contas é a lista das contas utilizadas, com a respectiva nomenclatura, e número para facilitar a identificação das mesmas. Embora o nome de algumas contas eventualmente seja diferente em cada escritório, normalmente são nomes similares, de sorte que facilmente se entende seu conteúdo, o que facilita o enquadramento na linha da DRE.

Os empresários que quiserem montar a DRE a partir do balancete fornecido pelo respectivo escritório de contabilidade devem seguir os seguintes passos:

1) Selecione o **modelo** de DRE a ser montado, a partir dos 6 modelos apresentados na seção anterior deste capítulo;

2) Veja a composição de cada linha do DRE selecionado, também devidamente descrita na mesma seção anterior;

3) Para montar a linha de "*Faturamento Bruto*" por exemplo, é preciso somar todas as contas que se referem a este tópico, ou seja, todas as contas que contabilizam faturamento;

4) Monte o relatório utilizando os valores da coluna de saldo do balancete. Ao terminar a apuração do relatório o empresário terá a DRE do acumulado do ano até a data; por exemplo o acumulado do ano, de janeiro a setembro. Para saber a DRE do mês de setembro, basta comparar com a mesma DRE do mês anterior, ou seja, de agosto; a diferença entre ambas é a DRE do **mês** de setembro.

5) Apenas para efeito de esclarecimento, a DRE **acumulada** de setembro de 20XX informa o lucro ou

prejuízo que a empresa teve no **ano** de 20XX, de janeiro a setembro. De modo similar a DRE do **mês** de setembro de 20XX informa o lucro ou prejuízo que a empresa teve no **mês** de setembro de 20XX.

Como comentei acima, cada escritório de contabilidade tem seu próprio sistema contábil e seu próprio plano de contas. Além disto há algumas práticas contábeis que também são diferentes em cada escritório. Uma delas, muito importante para fins de elaboração da DRE nos modelos que aqui propomos, é a contabilização da folha de pagamentos, ou seja, dos salários do pessoal; na verdade são **salários, encargos e benefícios**. A maioria dos escritórios tem como prática contabilizar a folha de pagamentos pelo valor total; uma conta para cada tipo de despesa, como salário, férias, horas extras, etc., mas sem decompor entre mão de obra comercial, de administração & finanças e industrial, quando existir. Sem esta informação não é possível fazer os Modelos A, B, C e D de DRE. Para contornar isto o empresário precisa pedir esta informação a seu contador. Mas, infelizmente, alguns sistemas não estão preparados para esta tarefa; mas muitos estão. Nas situações em que isto não for possível o empresário vai precisar ratear o custo total da folha de pagamentos entre as atividades que ele quiser separar; a forma mais simples é fazer isto na proporção do salário base das pessoas que trabalham em cada uma dessas atividades.

SOBRE DÉBITOS E CRÉDITOS

Detalhei acima os passos necessários para fazer a DRE para que o empresário tenha uma ideia da complexidade do tema. **Minha sincera e franca recomendação** é que o empresário peça que seu contador elabore a DRE no modelo que ele achar conveniente para entendimento de seu negócio, bem como o Balanço que será abordado no **Apêndice C**. Minha experiência na área diz que nem mesmo os contadores recém-formados, mas sem experiência na área, conseguem montar o balanço de uma pequena empresa, de média complexidade. Mesmo com a ajuda que estou oferecendo aqui, o empresário vai ter dificuldade em montar o relatório; bem mais do que o contador recém-formado. Por outro lado, o escritório de contabilidade poderá fazer isto rapidamente, poupando o tempo do empresário para gestão de seu negócio. Isto sem falar nos problemas e artimanhas de débitos e créditos, que nem vale a pena comentar; **o escritório de contabilidade cuida disto**.

ANÁLISE E CONCLUSÕES

A **primeira** recomendação é que o DRE deve ser elaborado tão logo seja possível, após o fechamento de cada mês. As empresas bem organizadas conseguem fazer isto até o dia 10 do mês seguinte ao do mês de fechamento. Isto é importante para que o empresário tome logo as providências necessárias, principalmente quando os resultados não são os esperados.

A **segunda** recomendação é a empresa montar um arquivo em Excel para ter uma base de dados com os resultados de cada mês. Ter uma base de dados é importante para fins de comparação e entendimento de como o negócio está evoluindo. Certamente que facilita a análise dos resultados do mês, como podemos notar no exemplo abaixo:

PEQUENA FÁBRICA DE CHOCOLATES - ME						
DRE - LUCROS & PERDAS DO MÊS						
ANO 20XX	janeiro	fevereiro	março	abril	maio	junho
Faturamento Bruto	**60.000**	**62.000**	**64.000**	**65.000**	**66.000**	**68.000**
Impostos Totais	3.600	3.720	3.840	3.900	3.960	4.080
Faturamento Líquido	**56.400**	**58.280**	**60.160**	**61.100**	**62.040**	**63.920**
Custo dos Produtos Vendidos	28.000	29.000	30.000	30.500	31.000	31.500
Lucro Bruto	**28.400**	**29.280**	**30.160**	**30.600**	**31.040**	**32.420**
Despesas Comerciais	9.500	9.800	10.000	10.300	10.500	10.800
Despesas de Adm & Finanças	6.000	6.000	6.000	6.000	6.000	6.000
Depreciação	500	500	500	500	500	500
Lucro Operacional	**12.400**	**12.980**	**13.660**	**13.800**	**14.040**	**15.120**
Desp/(Rec.)Financeiras	200	220	240	230	210	200
Lucro Líquido	**12.200**	**12.760**	**13.420**	**13.570**	**13.830**	**14.920**

A **terceira recomendação** é analisar os resultados mensais de forma acumulada; é uma outra visão de como a empresa vai evoluindo ao longo do ano. Esta análise é interessante, por exemplo, para empresas cujo faturamento é sazonal, sendo substancialmente maior, ou menor, em alguns meses do ano. Nesse sentido o total do período será mais relevante do que apenas o mês. Vejam abaixo a acumulação dos valores acima:

PEQUENA FÁBRICA DE CHOCOLATES - ME						
DRE - LUCROS & PERDAS - VALORES ACUMULADOS						
ANO 20XX	janeiro	fevereiro	março	abril	maio	junho
Faturamento Bruto	60.000	122.000	186.000	251.000	317.000	385.000
Impostos Totais	3.600	7.320	11.160	15.060	19.020	23.100
Faturamento Líquido	56.400	114.680	174.840	235.940	297.980	361.900
Custo dos Produtos Vendidos	28.000	57.000	87.000	117.500	148.500	180.000
Lucro Bruto	28.400	57.680	87.840	118.440	149.480	181.900
Despesas Comerciais	9.500	19.300	29.300	39.600	50.100	60.900
Despesas de Adm & Finanças	6.000	12.000	18.000	24.000	30.000	36.000
Depreciação	500	1.000	1.500	2.000	2.500	3.000
Lucro Operacional	12.400	25.380	39.040	52.840	66.880	82.000
Desp/(Rec.)Financeiras	200	420	660	890	1.100	1.300
Lucro Líquido	12.200	24.960	38.380	51.950	65.780	80.700

A pasta em Excel acima sugerida pode ser concentrada num único arquivo. Para tanto basta **uma planilha por ano** onde seriam colocados os resultados **mensais e acumulados**, como demonstrados acima, bem como uma planilha com os resultados dos últimos 5 anos, para uma consulta rápida quando necessário.

A **quarta recomendação** é fazer a **análise vertical**, como demonstrado na coluna "%" do relatório abaixo, feita para o mês de junho, bem como para o acumulado do ano, como segue:

PEQUENA FÁBRICA DE CHOCOLATES - ME				
DRE - LUCROS & PERDAS - VALORES ACUMULADOS				
Junho de 20XX	Mês	%	Acumulado	%
Faturamento Bruto	68.000	106,4	385.000	106,4
Impostos Totais	4.080	6,4	23.100	6,4
Faturamento Líquido	63.920	100,0	361.900	100,0
Custo dos Produtos Vendidos	31.500	49,3	180.000	49,7
Lucro Bruto	32.420	50,7	181.900	50,3
Despesas Comerciais	10.800	16,9	60.900	16,8
Despesas de Adm & Finanças	6.000	9,4	36.000	9,9
Depreciação	500	0,8	3.000	0,8
Lucro Operacional	15.120	23,7	82.000	22,7
Desp/(Rec.)Financeiras	200	0,3	1.300	0,4
Lucro Líquido	14.920	23,3	80.700	22,3

A análise vertical permite ao empresário avaliar quanto cada despesa, ou custo, representa em relação ao faturamento líquido, bem como que o empresário compare dados atuais com dados antigos, mesmo em época em que o volume de faturamento era muito diferente do atual, independentemente do tamanho que a empresa tinha na época comparada. Também é possível **comparar com os dados de outras empresas** do mesmo segmento, através de dados obtidos nas associações de classe, ou sindicatos patronais da categoria. A comparação com dados de outras empresas dá ao empresário indicações de onde ele pode atuar para melhorar a lucratividade de seu negócio.

Por fim, quanto aos dados em si da análise vertical, entendo que os números mais importantes são os percentuais do lucro bruto, bem como o do lucro líquido. Certamente que **cada negócio tem suas particularidades** e nesse sentido se difere dos demais. Mas, **como regra geral**, entendo que o **lucro bruto deveria ser de pelo menos 50%**. Mas, obviamente, o número **realmente importante** é o do **lucro líquido,** que na minha opinião deveria ser de pelo menos **20%**. Quando o negócio não gerar o lucro objetivado de 20%, o empresário precisa entender por quê, começando a análise pelo percentual do lucro bruto; se estiver abaixo dos 50%, esta é a área onde ele deverá se aprofundar para encontrar o problema. Somente depois de haver controlado esta área é que vale a pena analisar as linhas seguintes.

Quando o negócio apresenta um **Lucro Líquido entre 10 e 20%**, ele pode não estar ótimo, **mas não está ruim**. O problema é a rentabilidade **abaixo de 10%**, pois ela significa que a empresa está **flertando com o prejuízo**, podendo chegar lá com qualquer **solavanco** do mercado. De novo, sempre respeitando as particularidades de cada negócio que muitas vezes **somente o empresário entende!**

APÊNDICE C
BALANÇO

Um balanço é a demonstração da situação patrimonial de uma empresa em uma determinada data, ou seja, um relatório mostrando os seus bens e seu endividamento, bem como o patrimônio líquido que é a diferença entre os bens e o endividamento. Normalmente os bens são maiores do que as dívidas; mas quando o endividamento é maior do que os bens, se diz que o patrimônio líquido é negativo. A contabilidade denomina os bens e direitos como o **Ativo** da empresa e o Endividamento como **Exigibilidades**; e a soma das Exigibilidades com o **Patrimônio Líquido** é denominado de **Passivo**, sendo que o **valor total do Ativo é sempre igual ao valor total do Passivo**. Acho interessante conhecer os termos e as técnicas para eventuais discussões com iniciados no tema.

Enquanto uma DRE relata o que aconteceu durante um período, o balanço mostra a situação em uma determinada data, como uma fotografia da situação. Embora essa *"fotografia"* possa ser tirada em qualquer dia, teoricamente, o normal é apurar o balanço no final de cada mês; algumas empresas optam pela apuração trimestral, enquanto outras apenas pela apuração anual.

Muita gente não percebe, mas anualmente a Receita Federal pergunta a todo mundo que declara imposto de renda, qual é a lista de ativos (bens e direitos) bem como a lista de dívidas que possui. Se para a Receita Federal é importante ter controle sobre o patrimônio dos contribuintes do imposto de renda, para um empresário é muito mais relevante ter controle sobre seu negócio e/ou empresa.

Há **duas formas** de se levantar o balanço de uma empresa, sendo que **a oficial** é através do balancete montado pelo escritório de contabilidade, como comentado no Apêndice B; e esta é a forma requerido pela legislação brasileira. **A outra** forma é uma improvisação através do levantamento final dos saldos, sem detalhes da movimentação, como vou descrever para o Microempreendedor Individual que não dispõe de balancete.

MEI

Sem o suporte de um escritório de contabilidade, a única forma do MEI obter o balanço de seu negócio é ele mesmo montá-lo. E como também mencionei no **Apêndice B**, o MEI precisa montar o balanço para poder calcular o lucro, o que é feito de forma indireta, conforme também já descrito.

Para facilitar o entendimento do balanço apresento um modelo a seguir:

PEQUENA FÁBRICA DE CHOCOLATES - MEI			
Balanço em 31 de dezembro de 20XX			
ATIVO		PASSIVO	
Caixa	350	Contas a Pagar	2.500
Bancos	3.000	Empr. & Financiamentos	1.200
Aplicações Financeiras	6.000		
Contas a Receber	3.500	Patrimonio Líquido	
Estoques	4.000	Capital	10.000
Imobilizado	7.500	Lucros Acumulados	10.650
		Total do Pat. Líquido	20.650
TOTAL DO ATIVO	24.350	TOTAL DO PASSIVO	24.350

Feita a apresentação do formato passamos ao entendimento de como cada valor será apurado, no dia do fechamento, que neste exemplo é 31 de dezembro de 20XX:

- O valor do **Caixa** é o valor em dinheiro que o empresário tiver no final do dia do fechamento;

- O valor de **Bancos** também será o saldo apontado no extrato bancário, ou soma dos extratos bancários se houver mais que uma conta, no fim do dia do fechamento;

- O valor de **Aplicações Financeiras** é igual ao saldo da aplicação descrito no extrato do banco no fim do dia do fechamento. É o valor líquido para saque, se o empresário desejar sacar. Será a soma de todas as aplicações, se houver mais de uma;

- O valor de **Contas a Receber** será a soma dos valores a receber de clientes, não pagos até o final do expediente do dia do fechamento. Se um valor for pago no dia do fechamento, ele deverá estar no saldo bancário; se não estiver, considere que o valor ainda está em aberto. O valor tem que estar nesta conta ou no saldo bancário;

- O valor do **Estoques** é total de matérias primas e produtos acabados em estoque, medido a preço de compra, existente na data do fechamento. Todo empresário, incluindo os MEIs, precisa ter algum sistema de controle de estoque, podendo até ser um sistema manual. Isto é imprescindível para a gestão do negócio, como uma loja ou uma pequena fábrica;

- O valor do **Imobilizado** é igual ao valor das máquinas e equipamentos que o empresário utilizar em seu negócio, incluindo veículos. Minha recomendação é reduzir mensalmente 1% do valor do bem para cada mês transcorrido desde a data da compra até a data do fechamento que estiver sendo processada; esse percentual é uma simplificação do processo de depreciação. E em cada final de ano, para fazer o fechamento de 31 de dezembro o empresário deve reavaliar cada item do imobilizado, pelo valor que ele entender ser possível vender cada um dos itens que compõem o imobilizado. E no ano seguinte segue depreciando 1% ao mês, a partir do valor revisto;

- O valor de **Contas a Pagar** é igual à soma de todas as contas não pagas na data do fechamento, como agua, luz, duplicatas, salários e encargos se houver empregado, impostos (DAS), etc;

- O valor de **Empréstimos e Financiamentos**, é igual à soma de todo endividamento bancário atualizado para a data do respectivo fechamento;

- O Valor do **Patrimônio Líquido**, como já comentado é calculado pela diferença entre Ativo e Exigibilidades. No exemplo acima é de R$ 20.650,00 (24.350 – 2500 – 1200).

- O valor do **capital**, é igual à soma de todo valor que o empresário aportou no negócio, tanto na forma de dinheiro, quanto na forma de algum bem, como uma máquina, ou um veículo, desde que começou o negócio até a data do fechamento; a recomendação é fazer um cálculo, ou estimativa para o primeiro mês que fizer o balanço, e a partir daí ir acrescentando valores ocorridos no mês, ao saldo mês anterior. O mesmo vale para o mês em que o empresário retirar algum bem ou dinheiro do negócio; o valor retirado significa redução do valor do Capital no negócio;

- O valor de **Lucros Acumulados** é igual à diferença entre o Valor do Patrimônio Líquido e o valor do Capital.

De todas as contas acima certamente a de estoques é a mais difícil de ser controlada; mas isto é necessário, tanto para a boa gestão do negócio quanto para saber se o negócio dá lucro ou não.

FORMATOS DE BALANÇO

Apenas **para conhecimento** apresento abaixo o **formato oficial de um balanço**, que é o formato no qual os escritórios de contabilidade preparam os balanços a serem entregues aos empresários, para que este possam apresentar a bancos, clientes, fornecedores, etc.

PEQUENA FÁBRICA DE CHOCOLATES - ME	
Balanço em 31 de dezembro de 20XX	
ATIVO	PASSIVO
ATIVO CIRCULANTE	PASSIVO CIRCULANTE
ATIVO NÃO CIRCULANTE	PASSIVO NÃO CIRCULANTE
- Realizavel a Longo Prazo	
- Investimentos	PATRIMONIO LÍQUIDO
- Imobilizado	- Capital Social
- Intangível	- Reservas de Lucros
	- Prejuízos Acumulados
TOTAL DO ATIVO	**TOTAL DO PASSIVO**

No formato acima estamos apresentando apenas grupos e subgrupos do balanço. Importante lembrar que as contas são listadas no balanço por **ordem de liquidez**; por esse motivo começamos com a conta caixa e bancos, que é o item mais líquido e concluímos com as contas de Ativo Fixo, que são os valores menos líquidos do balanço. A seguir demonstramos as contas que compõem cada grupo ou subgrupo:

- No **Ativo Circulante** estão conta como caixa, bancos, aplicações financeiras de curto prazo, contas a receber, estoques, etc. Em tese todos esses valores se transformarão em caixa em menos de um ano;

- No **Ativo Não Circulante** estão todas contas que poderão se converter em caixa a longo prazo, ou seja, em período superior a um ano;

- No **Realizável a Longo Prazo** estão as contas de Aplicações Financeiras de longo prazo, empréstimos a empresas do mesmo grupo e outros créditos de longo prazo;

- Em **Investimentos** estão as contas de investimentos permanentes em outras empresas bem como outros investimentos a longo prazo, como obras de arte, por exemplo;

- No **imobilizado** estão as contas do ativo fixo, ou seja, máquinas, equipamentos, veículos, imóveis, etc. As respectivas contas de depreciação também estão neste subgrupo;

- No **Intangível** estão as contas de ativos sem substancia física, como marcas, patentes, direitos autorais, licenças, etc.;

- No **Passivo Circulante** estão as contas de endividamento da empresa, a serem pagas em até um ano como fornecedores, impostos a pagar, salários e encargos a pagar, empréstimos e financiamento, etc.

- No **Passivo Não Circulante** estão as contas de endividamento a serem pagas em prazo superior a um ano, como empréstimos e financiamentos, parcelamento de impostos, e quaisquer outros débitos de longo prazo;

- No **Patrimônio Líquido** estão as contas que demonstram a origem do valor da empresa que pertence aos sócios ou acionistas, como a conta de Capital Social, que representa o valor investido na empresa diretamente, bem como as contas de lucros que aumentam o patrimônio dos investidores na empresa bem como as contas de prejuízos que representam redução desse valor.

Embora eu esteja apresentando o formato acima apenas como curiosidade, isto não elimina o fato de que este é o formato de balanço apresentado pelo empresário a entidades que eventualmente possam ter interesse na sua empresa, como bancos, clientes e fornecedores, sendo que tais entidades poderão fazer questionamentos ao empresário. Assim é interessante o empresário conhecer e se esclarecer junto ao Contador sobre eventuais dúvidas que ele próprio tenha.

Mas o formato que atende aos objetivos deste livro é o **formato gerencial**, que não é um formato único, como já comentei; cada empresa desenvolve o balanço que melhor lhe convém. Um balanço gerencial é simplesmente um formato mais simplificado, com as contas que são relevantes para a empresa. Segue abaixo um exemplo:

ATIVO		PASSIVO	
A. SILVA & IRMÃOS LTDA.- EPP			
Balanço em 31 de dezembro de 20XX			
Caixa & Bancos	18.000	Fornecedores	180.000
Aplicações Financeiras	220.000	Contas a Pagar	33.000
Contas a Receber	250.000	Salarios e Encargos a Pagar	67.000
Estoques	150.000	Impostos a Recolher	23.000
Impostos a compensar	25.000	Empréstimos & Financiamentos	47.000
Outros Créditos	15.000		
Depósitos Judiciais	32.000	**Patrimonio Líquido**	
Investimentos	50.000	Capital	260.000
Imobilizado	75.000	Lucros Acumulados	235.000
Marcas & Patentes	10.000	**Total do Pat. Líquido**	**495.000**
TOTAL DO ATIVO	**845.000**	**TOTAL DO PASSIVO**	**845.000**

Sobre algumas contas do balanço acima comentei na seção sobre MEI. Para completar o entendimento de todo balanço gerencial, apresento uma síntese das demais contas:

- Os principais valores de **Impostos a Compensar** decorrem de créditos de impostos de compras para o estoque, como IPI, ICMS, PIS e COFINS, bem como impostos recolhidos antecipadamente, principalmente Imposto de Renda e Contribuição Social. O aspecto mais relevante é que são valores a serem compensados com os próximos recolhimentos dos mesmos impostos;

- **Outros Créditos** se referem aos demais valores do grupo do Ativo Circulante, que não foram discriminados separadamente por serem de pequeno valor;

- **Depósitos Judiciais** se refere a todo e qualquer valor depositado por imposição judicial, e ainda sem definição final de mérito na ação a que se refere;

- **Investimentos** se referem a valores aplicados em outras empresas, objetivando participar da respectiva sociedade como sócio ou acionista, bem como outros investimentos a longo prazo como obras de arte, ouro ou imóveis para renda;

- **Marcas & Patentes** se refere a valores gastos para garantir o direito da empresa em marcas e patentes de sua propriedade;

- **Fornecedores** se refere a valores devidos decorrente da compra de matérias primas para produção ou mercadorias para comercialização. As demais contas normalmente são contabilizadas em **Contas a Pagar**;

- **Salários e Encargos à Pagar** se refere a todos os valores da folha de pagamentos como salários, horas extras, férias, 13º salários, FGTS, INSS, etc.

- **Impostos à Recolher** se refere ao valor de todos os impostos a serem pagos, relativo a fatos geradores já ocorridos. Ou seja, se refere a valores que já são devidos, mas ainda não vencidos.

Lembro, como já comentado anteriormente, que os valores representam os saldos das contas na **data de fechamento do balanço**.

MONTAGEM DO RELATÓRIO

A montagem deste relatório só é possível com o balancete feito pelo escritório de contabilidade da empresa, como já comentado no **Apêndice B** sobre DRE, nos termos e condições também já citados no referido apêndice. Embora eu tenha recomendado que o MEI junte os saldos de uma maneira quase artesanal, porque não há outro jeito, o mesmo não pode ser feito com uma empresa maior. Se o empresário já paga um escritório de contabilidade para fazer seu processamento contábil, ele deve fazer uso de todo o pacote de serviços oferecidos a ele pelo respectivo escritório.

A mesma recomendação feita sobre a montagem do DRE também vale para o balanço gerencial. Ou seja, eu recomendo que o empresário peça que o Contador monte o Balanço **no formato aqui sugerido**, pois o formato que os escritórios de contabilidade normalmente fornecem são bem mais detalhados. Então o formato aqui proposto é mais resumido, o que facilita a leitura e interpretação para fins gerenciais.

ANÁLISES & INTERPRETAÇÕES

Normalmente se monta um balanço junto com a elaboração do DRE; ou seja, **estes dois relatórios normalmente andam juntos**. Também recomendo que o empresário monte um arquivo em Excel para guardar os balanços mensais, objetivando ter o banco de dados completo para os três relatórios financeiros mais importantes da empresa: Fluxo de Caixa, o DRE e o Balanço. Basta um arquivo com uma planilha por ano, mais uma planilha com os balanços anuais (balanços do mês de dezembro de cada ano) dos últimos 5 anos, para consultas rápidas.

Embora exista um interessante leque de índices e indicadores para medir o desempenho do balanço das empresas em geral, vou recomendar apenas três análises, que entendo serem suficientes para acompanhar a evolução do balanço ao longo do tempo.

A **primeira análise** relevante é acompanhar a evolução dos números, comparando as contas do mês com os valores existentes nos meses anteriores. Esta análise permite detectar oscilações de contas específicas, indicando algum problema em uma ou outra conta. Feito isto, é preciso entender se esta variação é normal ou não, em decorrência da evolução dos negócios. Se o volume de atividades está aumentando, é normal que aumentem os estoques, contas a receber e fornecedores, no mínimo.

A **segunda análise** é acompanhar a evolução de contas a receber. Há um indicador denominado *"número de dias de contas a receber"* que é interessante usar. Este indicador é calculado através da seguinte formula:

Contas à Receber / Faturamento Bruto do mês x 30

Se, por exemplo, uma empresa tem 50 mil a receber e faturou 40 mil no mês, essa empresa tem um saldo de contas a receber equivalente a 37,5 (50.000/40.000 x 30) dias de faturamento. Se este número estiver aumentando, por exemplo, isto vai significar que a empresa está aumentando o prazo de pagamento de suas vendas. O empresário precisa se lembrar que o valor não recebido aumenta o endividamento da empresa, e isto tem custo, ou reduz as aplicações financeiras, o que faz com que a empresa perca renda financeira.

A **terceira análise** é acompanhar a evolução dos estoques da empresa, para empresas industriais e comerciais. O indicador para esta análise é o *"número de dias de estoques"*, que é calculado pela seguinte fórmula:

Estoques / Custo de Produtos Vendidos x 30

Onde *"Custo dos Produtos Vendidos"* significa o valor das mercadorias vendidas em empresas comerciais, e apenas o valor das matérias primas consumidas nas empresas industriais. Se, por exemplo, uma empresa tem 60 mil em estoques e teve um custo de mercadorias vendidas igual 30 mil no mês, essa empresa tem um saldo de estoques equivalente a 60 (60.000/30.000 x 30) dias de faturamento. O objetivo deste número é saber, **em média**, quanto tempo o estoque deve durar. A gestão dos estoques é um capítulo à parte que o empresário precisa entender, para otimizar o valor nele investido. Como em contas a receber, o valor exagerado desta conta impõe perdas financeiras ao empresário.

À medida que a empresa for crescendo o empresário poderá sentir a necessidade de análises mais profundas. Quando isto acontecer a solução simples é investir em mais conhecimento na matéria, adicionando novos indicadores nas medições, como os índices operacionais e de liquidez. E muito provavelmente, quando isto ocorrer, o negócio já não seja mais uma pequena empresa!

CONTATOS COM O AUTOR

valtercelio@nossasfinancas.com.br

valtercelio@gmail.com

@nossasfinancas

linkedin.com/in/valtercelio

www.facebook.com/nossasfinancas/

Blog: www.nossasfinancas.com.br

DO MESMO AUTOR

APRENDA A ORGANIZAR SUAS FINANÇAS E PLANEJAR SEU FUTURO!

Livro sobre finanças pessoais com dicas poderosas para poupar, renegociar dívidas, realizar seus projetos e ter sucesso financeiro!

www.ingramcontent.com/pod-product-compliance
Lightning Source LLC
Chambersburg PA
CBHW021813170526
45157CB00007B/2579